港埠輕鬆讀系列

航港作業實務

海運｜航業｜港埠｜物流運籌｜航港政策與法規

張雅富◎著

五南圖書出版公司 印行

自序

　　本書是「港埠輕鬆讀」系列的第四本書籍，本著提供對航港業務有興趣的讀者，不管是學校的學生或即將進入航港產業工作的職場新鮮人，能夠「快易通」及「速可達」的掌握航港發展、管理實務及常用法規的基本想法，內容安排可作為學校的交通運輸及物流、國貿企管等科系的教學輔助教材，對有志參與航港機關（構）及在公民營事業服務進修的人士，希望內容亦能協助提供工作準備的方向。

　　在構思本書的架構上，是以常用航港法規上的名詞為底，並輔以港埠運作時所面臨的管理及作業實務解說，增添航港「政企分離」的政策資料，部分如涉及更深入的實務作業程序，

則需讀者在實際工作時或在職訓練的「作中學」。

　　本書撰寫期間因限於個人才學及視野、時間，內容尚無法廣泛蒐錄航港界各專家學者的資料，如在引用及說明有疏漏與錯誤之處，尚請各方見諒並不吝給予本人指正。

　　此次，《航港作業實務》一書能夠出版及呈現在讀者面前，特別要感謝五南圖書出版公司王正華編輯之鼓勵邀稿，以及五南公司美編排版團隊的細心協助。

　　每日工作之餘，當在夜晚挑燈撰稿時，想起港口、碼頭、倉庫、郵輪及貨船的景象，也許不如讀者對海風、浪花及防波堤等港口印象的浪漫，但航港產業是國際物流運輸重要的一環，也是海洋國家的經濟發展基礎，期盼讀者閱讀之後能有些微助益，日後更關注認識及支持臺灣航港事業發展。

張雅富

2019 年冬於高雄港

目錄

II 航業經營

III 港埠經營

V 航港政策

VI 航港法規

Ⅶ 航港名詞

表目錄

I 海洋運輸 -1

海洋運輸是各種運輸模式中重要的貨物運送方式，具有運送量大及運費低廉的特性，特別是四周環海的海洋國家，客貨運輸極大部分仰賴水運，除了連接內陸的江河水運外，經由海洋與港埠的海洋運輸，尚有相關海運輔助性服務業提供客貨船的作業服務。

第一章　海運概論

1.1 海運產業

運輸（Transportation）是一種衍生需求的經濟行為，運輸需求大多是人們為了完成某些經濟行為，例如購物、上班、上學等需求而進行；而運輸主體與運輸工具在運輸路徑上產生的互動現象，即為交通現象（Traffic）。而交通運輸及航運產業可概分為貨櫃航運、散裝航運、貨運承攬、貨櫃運輸集散與倉儲、海陸空大眾運輸等五大類。

海運產業廣義包括船舶製造業、海運服務業、報關業及貨櫃、船舶出租業與保險融資業，參與的對象還有託運人（Shipper）、收貨人（Consignee）及航業經紀人（Shipping Broker）、碼頭營運商（Terminal Operator）。

依我國航業法第 3 條規定，航業（Shipping Industry）是指以船舶運送業（Vessel Carrier）、船務代理業（Shipping Agency）、海運承攬運送業（Freight Forwarder）、貨櫃集散站經營業（Container Terminal Operator）等為營業之事業。

另依財政部關務署的報關業管理辦法第 2 條規定，本辦法所稱之報關業（Customs Broker），指經營受託辦理進、出口貨物報關納稅

等業務之營利事業。

　　貨櫃航運主要是以定期航線為主，所載運之物品多為工業製成品或組件，標準化的包裝將貨品以戶對戶運輸（Door to Door）方式直接送至收貨人倉庫，轉運運輸途中不用再拆裝貨，以降低作業時間，因此具有與全球物流及時運送服務的特性，一般以 20 呎、40 呎海運貨櫃為標準，其運價是由各聯營協會制定以及依市場運能供給狀況進行調整。貨櫃航運業對油價具有高敏感度，舉凡運力平衡、油價走勢與各項附加費用之收取都是影響公司獲利的重要關鍵。

　　散裝航運是以運載民生大宗物資與工業基本原料，例如鐵礦砂、煤炭、棉花及穀物、肥料等。影響散裝航運景氣的重要因素，除了天災、貿易傾

銷法令、外交政策與油價都是影響散裝航運景氣的重要因素，散裝船運價指數為影響業者獲利的重要指標，依船型的不同，散裝航運指數可分為波羅的海海岬型航運指數（BCI）、波羅的海巴拿馬型航運指數（BPI）與波羅的海輕便航運指數（BHI），波羅的海運價指數（BDI）是以上三種指數的平均，亦為整體散裝航運獲利的重要觀察指標。

　　海運承攬係負責海運進出口貨物承攬、報關、倉儲及汽車貨運等代理服務；貨櫃運輸集散與倉儲則指從事貨物、空貨櫃之運送、吊

卸、儲放服務。

　　貨櫃運輸及倉儲業主要是經營貨櫃集散站業務及貨櫃維修；貨櫃
集散站指經海關完成登記專供貨櫃及櫃裝貨物集散倉儲之場地，也從
事進出口、轉運貨物及貨櫃在集散站之存放、移動及處理，依位置可
分為內陸及港口兩種。

1.2 海運服務產業

　　產業聚落是在特定區域有相互關聯性的企業、專業化供應商、勞
務供應商、金融機構、相關產業的廠商等，所組成的群體，不同產業
聚落的結合程度與範圍大小並不相同。

　　海運與其相關服務的產業依海運核心業務類別，大致可分為以下
幾類層次[1]：海運本業、港口及航運輔助業、航運交易及海事服務衍生
輔助業、海運管理和規範、其他相關服務業等。

表 1.1　海運服務業組成

產業層次	產業領域	主要服務功能
航運本業	船舶運送、營運及管理	貨物及旅客運輸

---

[1] 參考於軍編著，《航運服務管理》第 21-25 頁，經濟科學出版社，北京，2014 年。

產業層次	產業領域	主要服務功能
港口及航運輔助業	客貨服務	裝卸、報關檢疫、運輸倉儲處理
	代理服務	港口、船務、運送承攬及各類代理
	修理服務	船舶及貨櫃修理、船用設備及碼頭設施
	船舶供應	燃料、淡水、備件物料、海圖及生活日用品
	船舶防污	船上生活廢棄物、污水及廢油收受處理
	船員勞務	人力、船舶保安
	航行服務	引水、拖船、測量、海岸電台、交通船
	船舶事故處理	拖救、打撈
航運交易及海事服務衍生輔助業	航運經紀	船舶買賣、租賃
	航運保險	再保、分保、互保、保險理賠、追償及風險分析
	航運金融	船舶融資、抵押及擔保
	航運諮詢	海運顧問及研究機構（者）
	海事仲裁與服務	海事法律及調節
	航運教育及訓練	學校及專業機構
	航運媒體	報章及網站
	航運協會公會	國際組織及協會
	航運檢驗機構	船舶、貨物、設備檢驗及理貨

產業層次	產業領域	主要服務功能
海運管理和規範	保險	海事保險新規則制定
	海事組織機構	制定全球海事規則、規範
	船舶標準	設計、建造、檢驗及船級審定
	船舶交易市場	船舶買賣、金融交易、航運訊息
	政府	海事安全、海事規則
其他相關服務業	製造業	船舶及設備、貨櫃、港口設施等
	網路通訊和衛星通信服務業	海事電話、傳真、數據傳輸、通訊
	批發零售貿易業	船用油品、船舶機電、物資供應
	港航工程業	港口設施、港灣工程、聯外交通工程
	旅遊業	水岸觀光、海上旅遊
	其他	海洋文化活動

　　過去國際貿易組織（WTO）對海運服務業談判所重視的三大重點是國際海運服務業、海運輔助服務業、進入，以及使用港埠相關設施服務無差別待遇。在臺灣的海運服務業以船舶運送業、船務代理業、海運承攬運送業、貨櫃集散站經營業及港埠服務業等為主，在我國皆屬特許事業。

　　我國海運服務業由航業法及商港法所規範，航業法的相關子法有船舶運送業管理規則、船務代理業管理規則、海運承攬運送業管理規則、貨櫃集散站經營業管理規則等，該業別須經交通部核發許可證，

依法辦妥公司或商業登記後始得經營相關業務；至於港埠服務業依商港法相關規定向航港局、商港管理機關申請核發許可證，始得營業。

1.3 重要海事組織

在全球所有海事組織中，國際海事組織具有特殊地位，有各種海事機構給它提供參考規範建議，協助各項條約、協議等的執行。國際海事組織（International Maritime Organization, IMO）原為 1958 年 3 月成立之政府間海事諮詢組織，1982 年 5 月該組織第九屆大會決定改名為國際海事組織，該組織更是一個促進各國政府和各國航運業界改進海上安全，防止海洋污染與及海事技術合作的國際組織。主要制定的公約有：

- 國際船舶載重線國際公約（International Convention on Load Lines, 1966，簡稱 CLL）

- 國際海上避碰規則公約（Convention on the International Regulations for Preventing Collisions at Sea, 1972，簡稱 COLREG）

- 防止船舶汙染國際公約（International Convention for the Prevention of Pollution from Ships, MARPOL），現稱「關於 1973 年防止船舶汙染國際公約之 1978 年議定書（Protocol of 1978 Relating to the International Convention for the Prevention of Pollution From Ships 1973，簡稱 MARPOL 73/78）」

- 海上人命安全國際公約（International Convention for the Safety of Life at Sea, SOLAS），現稱《關於 1974 年國際海上人命安全公約之 1978 年議定書》（Protocol of 1978 Relating to the International Convention for the Safety of Life at Sea 1974，簡稱 SOLAS 74/78）

- 航海人員訓練、發證及航行當值標準國際公約（International Convention on Standards of Training, Certification and Watchkeeping for Seafarers, STCW），經過多次修正案後稱為《1978 年航海人員訓練、發證及航行當值標準國際公約及其修正案》（International Convention on Standards of Training, Certification and Watchkeeping for Seafarers, 1978, as amended）

- 港口國管制（Port State Control, PSC）我國自 2003 年 1 月 1 日起，參採 IMO 所訂港口國管控程序要求，對往來本國各國際商港之外國籍船舶施行 PSC 檢查。

- 船舶壓艙水及沉積物管理國際公約（International Convention for the Control and Management of Ships' Ballast Water and Sediments）於 2017 年 4 月生效，2017 年 9 月全球實施。

- 貨櫃驗證總重原則（Verified Gross Mass, 2016, VGM），國際海事組織（IMO）修正國際海上人命安全公約（SOLAS）第六章的內容，載貨貨櫃於裝船前必須進行重量驗證，貨櫃於 2016 年 7 月 1 日（含）以後裝上第一個裝貨港口均需提供 VGM。

表 1.2　**重要海事相關組織**

組織名稱	總部	成立	主要職責
國際海事組織（IMO） http://www.imo.org/	倫敦	1959	屬於聯合國一個特殊機構，協調各國政府間海上安全及防止船舶工作，海事立法為其重要工作。
國際海事衛星組織（INMARSAT） https://www.inmarsat.com/	倫敦	1979	討論海事衛星通信要求，制定地面站和船站的接入標準和批准程序，確定空間段方案和衛星軌道。
國際船級社協會（IACS） http://www.iacs.org.uk/	倫敦	1968	擬定統一的船舶技術規則和要求，對 IMO 的標準作統一解釋，公布有關船舶營運和維修準則，為世界商船定船級。
國際燈塔協會（IALA） https://www.iala-aism.org/	巴黎	1957	透過技術措施，促進助航設施的改進，保障船舶航行安全。
國際船東保賠協會（IG P&I Club） https://www.igpandi.org/	倫敦	1855	船東共同承擔風險（船舶碰撞、船上人員財產安全，因承運人造成的貨損）的平臺。
波羅的海國際海運公會（BIMCO） https://www.bimco.org/	哥本哈根	1905	提供成員全世界港口和海運的訊息、諮詢及培訓，發布國際航運總體利益的政策、規範等。
國際獨立油輪船東協會（INTERTANKO） https://www.intertanko.com/	奧斯陸	1970	向會員提供訊息服務、國際法規、港口訊息、油輪相關專家意見，並參與 IMO 所有委員會。

組織名稱	總部	成立	主要職責
國際乾貨船東協會 （INTERCARGO） https://www.intercargo.org/	倫敦	1980	由世界各國或地區船東協會組成的非政府間組織，致力於乾貨行業需求的船東組織。

I 海洋運輸 -2

船務及貨運代理是為各國航商船舶（船員）進行辦理進出港及裝卸相關作業申請服務，也為船舶代理貨物運送承攬，提供託運人的貨物訂艙位服務，這項服務業營運狀況某方面也代表一個港口地區的運輸經濟發展規模。

SHIP AGENCY

第二章 船務及貨運代理

2.1 船務代理業務

船務代理業（Shipping Agency）指受船舶運送業或其他有權委託人之委託，在約定授權範圍內，以委託人名義代為處理船舶客貨運送及其有關業務而受報酬為營業之事業。（我國航業法第 3 條）

船務代理業管理規則（中華民國一百零三年七月三十日交通部交航字第 10350092731 號令修正發布全文 29 條；並自發布日施行）

第 18 條

船務代理業經營業務如下：

一、簽發客票或載貨證券，並得代收票款或運費。

二、簽訂租船契約，並得代收租金。

三、攬載客貨。

四、辦理各項航政、商港手續。

五、照料船舶、船員、旅客或貨物，並辦理船舶檢修事項。

六、協助處理貨物理賠及受託有關法律或仲裁事項。

七、辦理船舶建造、買賣、租傭、交船、接船及協助處理各種海事案

件。

八、處理其他經主管機關核定之有關委託船務代理事項。

船務代理業所經營之代理業務，應以委託人名義爲之，並以約定之範圍爲限。

　　另依航業法第 36 條規定，經營船務代理業，應具備有關文書，申請航政機關核轉主管機關許可籌設。船務代理業應自許可籌設之日起六個月內，依法辦妥公司登記，並申請航政機關核轉主管機關許可並核發許可證後，始得營業。

　　業務項目一般有港口代理、班輪代理、不定期班輪、船上零件供應、業務加油提供、船舶檢驗、船員遣返交接、碼頭操作、船隻維修、貨物裝卸操作、船舶物料供應、船舶各類要求等。

　　另兩岸海運部分，有關大陸籍航運公司經取得許可直航後，可委託臺灣地區船務代理業代爲招攬之客、貨運業務。

大陸地區物品勞務服務在臺灣地區從事廣告活動管理辦法

（中華民國一百零二年八月二十九日行政院大陸委員會陸法字第 1029907756 號令修正發布第 10 條條文；並增訂第 9-1 條條文）

第 5 條

下列事項得在臺灣地區從事廣告活動：

六、依試辦金門馬祖澎湖與大陸地區通航實施辦法或臺灣地區與大陸地區海運直航許可管理辦法，取得許可從事兩岸海上客、貨運輸業務者，得委託臺灣地區船務代理業代為招攬之客、貨運業務；其在臺灣地區設立分公司者，得由分公司就其許可之營運項目。

2.2 貨運承攬運送業務

海運貨運承攬業（Ocean Freight Forwarders）指以自己之名義，為他人之計算，使船舶運送業運送貨物而受報酬為營業之事業。（我國航業法第 3 條）

海運承攬運送業管理規則（中華民國一百零三年四月二十九日交通部交航字第 10350048811 號令修正發布全文 20 條；並自發布日施行）

第 2 條

經營海運承攬運送業之公司中英文名稱不得使用與船舶運送業、船務

代理業及其他海運承攬運送業相同名稱。

　　另依航業法第 39 條規定，經營海運承攬運送業，應具備有關文書，申請航政機關核轉主管機關許可籌設。海運承攬運送業應自許可籌設之日起六個月內，依法辦理公司登記，並申請航政機關核轉主管機關許可並核發許可證後，始得營業。經營海運承攬運送業者於申請核發許可證時，應繳交一定金額之保證金，或依主管機關所定保險金額投保承攬運送責任保險。前項之保險期間屆滿時，海運承攬運送業應予以續保。

海關管理承攬業辦法（中華民國一百零八年六月四日財政部台財關字第 10810113673 號令修正發布第 24 條條文）

第 2 條

本辦法所稱承攬業，指交通主管機關核准之海運承攬運送業或航空貨運承攬業，並經依本辦法核准登記。

第 4 條

承攬業應依其海、空運業別，向海、空運業務關區申請完成核准登記後，始得辦理本法規定之業務。

　　海運承攬運送業的運送角色及關係：盡可能配合及聯絡相關行業，例如：貿易商、出口廠商、報關行、船公司及碼頭營運商等。業務項目一般有整櫃海運進出口服務、併櫃海運進出口服務、海運中轉服務、特殊櫃及大件項目服務、到世界各地併櫃貨及特殊櫃、保稅倉

儲與海關監管倉儲服務、專業通關服務、國際物流策劃與諮詢服務
等。

　　運輸方式依不同的運具，可分為陸／海／空及管道運輸等：

一、陸運：公路或鐵路運輸

二、海運：海上或內河運輸

三、空運：國際或國內航空

表 2.1　海運貨運承攬運輸服務方式

方式	場所
LCL – LCL	CFS – CFS 併裝散貨，併裝散貨交貨
LCL – FCL	CFS – CY 併裝貨收貨，整櫃交貨
FCL – FCL	CY – CY 整櫃貨，整櫃交貨
FCL – LCL	CY – CFS 整櫃收貨，併裝散貨交貨
FCL：Full Container Load 整櫃貨 LCL：Less than Container Load 併櫃貨 CY：Container Yard 貨櫃場 CFS：Container Freight Station 貨櫃集散站	

海運貨運承攬業主要工作人員

　　OP 就是作業員（Operation）的簡稱，其人員偏重於貨主、船公
司、同行，現場間的工作協調，以及配櫃的內勤工作；也是業務員最
重要的後勤人員，而工作的安排也是製作文件及配合海關驗貨等。

　　業務人員（Sales）直接和顧客面對面介紹自己航業服務，屬於一種個人銷售的推廣，也是海運界最重要的推廣方式。業務員的基本訓練有：灌輸基本的海運知識、牢記地理形勢、認識航線及市場、了解運費及商品結構、參觀現場作業、拜訪見習、蒐集準備拜訪的客戶資料。

港區貨櫃集散站

I 海洋運輸 -3

驗船協會及引水人是維繫船舶安全標準與引領進出港口航道水域的重要一份子，這需要資深實務經驗人員並要求專業資格，對於船舶的保險費用判定及航行水域安全，是航政監理的重要管理對象。

第三章 驗船協會及引水人

3.1 驗船協會介紹

有鑑於船舶檢驗與航行安全息息相關，世界各航運大國均設立本國的驗船機構以執行船舶之嚴格檢驗，臺灣航運業、保險業及造船業各界，為求航業蓬勃發展於民國 40 年 2 月 15 日在臺北市成立「中國驗船協會」，China Corporation Register of Shipping 簡稱 CR。另於民國 67 年 7 月 1 日接受民間捐助，改組並更名為「財團法人中國驗船中心」。民國 103 年 5 月 2 日，為與中國大陸區別，調整英文名稱為 CR Classification Society。

我國在船舶法對驗船機構（Ship Register Institutes）及考試院對驗船師（Ship Surveyors）之職業資格有法規規定，以求對船舶檢驗能符合國際上規範。船級是表示船舶品質的一種認定，在國際港口航運時，須經某個驗船協會派驗船師到船廠進行監造，包括設計圖的審核、船舶設備的認可以及吃水標誌和性能進行檢驗等，才可發給船級證書。船舶如有驗船協會認可，較能保證船舶航行安全，以利保險公司決定船舶的保險費用核定及銀行貸款，驗船協會又稱為船級協會（Classification Societies）。

船舶法（中華民國一百零七年十一月二十八日總統華總一經字第 10700129031 號令修正公布第 3、4、11、16、20、21、23〜25、28、30、31、33、34、37、57、58、60、61、63、65、66、68〜72、78、81〜83、89〜95、97、98、100 條條文；增訂第 15-1、28-1〜28-3、30-1、34-1、101-1 條條文；並刪除第 38、54 條條文）

第 84 條

主管機關因業務需要，得委託驗船機構辦理下列事項：

一、船舶檢查、丈量及證書之發給。

二、各項國際公約規定之船舶檢驗及證書之發給。

三、船舶載重線之勘劃、查驗及證書之發給。

驗船機構受委託執行前項業務時，應僱用驗船師主持並簽證。

第 85 條

中華民國國民經驗船師考試及格，向航政機關申請發給執業證書，始得執業。

驗船師執業期間，不得同時從事公民營船舶運送業、船務代理業或造船廠等與驗船師職責有關之工作。

專門職業及技術人員高等考試驗船師考試規則（中華民國一百零六年三月二十四日考試院考臺組壹一字第 10600015091 號令刪除發布原第 14、15 條條文；原第 16 條條文移列至第 14 條條文；並自發布日施行）

第 2 條

本規則所稱驗船師，係指專業辦理船舶檢驗及評鑑事項，並負責簽署

各項必須證明文件者。

全球其他各國著名驗船協會：

美國驗船協會（American Bureau of Shipping, ABS）、法國驗船協會（Bureau Veritas, BV）、中國船籍社（China Classification Society, CCS）、挪威驗船協會（Det Norske Veritas, DNV）、德國驗船協會（Germanischer Lloyd, GL）、韓國驗船協會（Korean Register of Shipping, KR）、英國勞氏驗船協會（Lloyd's Register, LR）、日本海事協會（Nippon Kaiji Kyokai, NK）、義大利驗船協會（Registro Italiano Navale, RINA）、俄羅斯驗船協會（Russian Maritime Register of Shipping, RS）等 10 個驗船協會與 1 個準會員印度驗船協會（Indian Register of Shipping, IRS）。

3.2 引水人業務

我國引水法所稱引水（Pilotage），係指在港埠、沿海、內河或湖泊之水道引領船舶航行而言。引水人（Pilot）又俗稱為領港員，係指在中華民國港埠、沿海、內河或湖泊執行領航業務之人。全臺七個港口都有引水公會，之上還有一個全國引水公會，設在臺北，負責跟中央部會聯繫、溝通。

引水主管機關，在中央為交通部，在地方為當地航政主管機

關。交通部基於航道及航行之安全，對引水制度之施行，分強制引水與自由引水兩種。船舶進出港除引水法規定外之船舶及非屬強制引水區域外，在中華民國皆須申請引水人協助帶領船舶航行，以維護船舶航行安全。

引水人資格及考試

依據考試院專門職業及技術人員高等考試引水人考試分為下列類科：一、甲種引水人。二、乙種引水人。本考試得按引水區域分區舉行。本考試採筆試、口試及體能測驗方式行之。引水人的資格須為中華民國國民經引水人考試及格者，得任引水人。引水人持有交通部發給之執業證書，並向引水區域之當地航政主管機關登記領有登記證書後，始得執行領航業務。引水人應於指定引水區域內，執行領航業務。

另依考選部專門職業及技術人員高等考試引水人考試錄取人員學習辦法第 3 條規定，專門職業及技術人員高等考試引水人考試錄取人員，由考選部函送交通部按其類科及報考引水區域，分發各該轄區引水人辦事處學習。學習期間為學習引水人。

引水作業及規定（參考）

表 3.1　港口引水作業過程

工作	作業內容
1	航商向引水辦事處申請並通知輪班引水人

工作	作業內容
2	商船與船舶交通中心（VTC）聯繫
3	引水艇準備接送引水人上商船
4	引水人登小船前往商船準備導引進港
5	港口檢查哨上船檢查
6	引水人準備及登船
7	申請調派拖船協助導引
8	引水人於船艙中指揮船長調度行駛
9	船舶靠岸（碼頭）
10	帶纜繫固船舶
11	開始客貨裝卸作業

引水法（中華民國九十一年一月三十日總統 (91) 華總一義字第 09100020650 號令修正公布第 13、39、42 條條文；並刪除第 14、15 條條文）

依據引水法第 6 條規定，強制引水對於左列中華民國船舶不適用之：

一、軍艦。

二、公務船舶。

三、引水船。

四、未滿一千總頓之船舶。

五、渡輪。

六、遊艇。

七、其他經當地航政主管機關核准之國內航線或港區工程用之船舶。

前項第七款之核准辦法，由當地航政主管機關擬訂，報請交通部核定之。

未滿五百總噸之非中華民國船舶準用第一項規定。

中華民國船舶在一千噸以上，非中華民國船舶在五百噸以上，航行於強制引水區域或出入強制引水港口時，均應僱用引水人；非強制引水船舶，當地航政主管機關認為必要時，亦得規定僱用引水人。在強制引水區域之航行船舶，經當地航政主管機關核准，得指定或僱用長期引水人。

招請引水人之船舶，應懸掛國際通用或中華民國規定之招請引水人信號，並得由船舶所有人或船長事前向當地引水人辦事處辦理招請手續。引水人於必要時，得請由船舶所有人或船長僱用拖船協助之。

引水人管理規則（中華民國九十三年十二月二日交通部交航發字第 093B000105 號令修正發布第 13 條條文）

依引水人管理規則第 4 條規定，各引水區域之引水人，應共同設

置引水人辦事處，辦理船舶招請領航手續。各引水人辦事處應訂定公約，由引水人簽約共同信守，並報請當地航政主管機關核備後實施。引水人辦事處受當地航政主管機關之監督。

引水人分為左列兩種：

一、甲種引水人，指得在港埠沿海引領本規則第 14 條規定噸位船舶航行之引水人。

二、乙種引水人，指得在內河、湖泊引領本規則第 15 條規定噸位船舶航行之引水人。

　　甲種引水人執業證書者，限制在港埠沿海領航未滿一萬五千總噸之船舶，但經當地航政主管機關核准者不在此限。前項引水人經服務滿二年未受引水法規定停止領航以上懲戒處分者，得領航一萬五千總噸以上之船舶。

　　乙種引水人執業證書者，限制在內河、湖泊領航未滿三千總噸之船舶。但經航政主管機關核准者不在此限。滿三千總噸之船舶。但經航政主管機關核准者不在此限。前項引水人經服務滿二年未受引水法規定停止領航以上懲戒處分者，得領航三千總噸以上之船舶。

有用的參考資源

中華民國船長公會

http://mastermariner.org.tw/

中華海員總工會

http://www.ncsu.org.tw/training1.php

台北市船務代理商業同業公會

http://www.tsaa.com.tw/

台北市海運承攬運送商業同業公會

http://www.iofflat.com.tw/

交通運輸及航運產業鏈簡介

https://ic.tpex.org.tw/introduce.php?ic=T000

引水現況

http://library.taiwanschoolnet.org/cyberfair2006/elin0625/A2.htm

專門職業及技術人員高等考試引水人考試規則

https://wwwc.moex.gov.tw/main/ExamLaws/wfrmExamLaws.

aspx?kind=3&menu_id=320&laws_id=126

財團法人中國驗船中心

https://crclass.org/

國際驗船聯盟（International Association of Classification Societies, IACS）

http://www.iacs.org.uk/default.aspx

Ⅱ 航業經營 -1

航業發展是運輸經濟的重要一環，今日的海運除貨運外（定期與不定期航運），客運也隨海洋觀光在臺灣興起郵輪熱潮。航業的經營需要政府的政策扶助，同時需要遵守國際條約、協議對船舶安全、船員權益、污染防治等要求，是屬一種投資金額大及回收時間長的運輸事業。

第四章　航業發展

4.1 航運行政及組織

　　航運行政管理是由政府機關訂定及執行全國航業發展政策，對航業經營、扶助保護並監督商船之適航性能，船員訓練、審核合格任用，航業經營組織監督，海事案件審議等進行行政管理，通常在中央與地方設立交通主管機關。

　　依據我國憲法第 107 條第 5 款規定，航政事項由中央立法並執行之；第 108 條第 6 款規定，航業由中央立法並執行之，或交由省縣執行之。

交通部組織法（中華民國一百零六年十一月二十二日總統華總一義字第 10600140501 號令刪除公布第 18-1 條條文；施行日期，由行政院以命令定之）

第 1 條

交通部主管全國交通行政及交通事業。

第 7 條

航政司掌理左列事項：

一、關於航業、民用航空、港務、氣象發展計畫之核議事項。

二、關於公有及民營航業、民用航空、港務、氣象之監督事項。

三、關於航業、民用航空運輸航線及費率之核議事項。

四、關於船舶購建、檢查、丈量登記、證書核發之監督事項。

五、關於船員、引水人之儲訓及執業證書核發之監督事項。

六、關於航業經營及聯營之規劃策進事項。

七、關於海難救護及海事案件之審議事項。

八、其他有關航業、民用航空、港務及氣象事項。

交通部處務規程（中華民國一百零二年七月二十六日交通部交人字第 10200247791 號令刪除發布第 19、20 條條文）

第 8 條

航政司得分科辦事，掌下列事項：

一、航業、民用航空、港務及氣象發展計畫之核議事項。

二、公有及民營航業、民用航空、港務與氣象之監督事項。

三、航業及民用航空運輸航線與費率之核議事項。

四、航業經營及聯營之規劃與策進事項。

五、航業、民用航空、港務、氣象法規及國際約章之擬議事項。

六、各種航政技術人員執業證書核發之監督事項。

七、航舶購建、檢查、丈量、登記及證書核發之監督事項。

八、驗船機構之管理、監督事項。

九、打撈業之管理、監督事項。

十、國際商港、民用航空場、站及氣象測站設置之審核事項。

十一、碼頭、倉庫、港埠工程及航空建設工程之核議監督事項。

十二、船員及引水人儲訓之監督事項。

十三、船舶航行安全、維護、管制、海難救護及海事審議事項。

十四、國際航業海事、港務、民用航空、氣象組織及會議案件之處理
　　　事項。

十五、航政工作計畫及工作報告之審核事項。

十六、航政預算、決算及財務案件之會核事項。

十七、航業及民用航空資金籌措與貸款審核處理事項。

十八、其他有關航業、民用航空、港務及氣象事項。

　　　原交通部轄屬之基隆、臺中、高雄及花蓮等 4 個港務局，成立有
年，以往兼具港埠事業經營及執行公權力之政企合一型態，在港埠拓
展業務方面常受限於行政及法規層層束縛，缺乏經營彈性與市場即時
應變能力，影響港埠經營效率與國際競爭力。為因應上述改善需求，
政府逐參酌海運先進國家「政商分立」為港埠經營之體制，並配合政
府組織改造，於 101 年 3 月 1 日將 4 港務局改制為「航港局」及「臺
灣港務股份有限公司」，前者職司航政及港政公權力業務，後者專責
港埠經營業務。

交通部航港局暫行組織規程（中華民國一百零二年一月三日交通部交人字第 1025000001 號令修正發布全文 8 條；並自一百零二年一月一日施行）

第 1 條

交通部為辦理航政及港政業務，特設航港局。

第 2 條

本局掌理下列事項：

一、海運航業、船舶、船員、海事、商港之法規、政策及發展計畫研擬。

二、航業、船舶驗船機構、船員與駕駛訓練機構、商港港埠業監理業務之規劃、執行及督導。

三、國際海運合作、聯營機構、航運秩序管理業務之規劃、執行及督導。

四、船舶檢丈、登記與航行安全業務之規劃、執行及督導。

五、船員與駕駛訓練、發證、考核業務之規劃、執行及督導。

六、海事、引水業務之規劃、執行及督導。

七、商港與商港自由貿易港區監理業務及公有公共基礎設施之建設管理。

八、航路標識之規劃、建造、維護、監督、管理及航行安全之促進。

九、海運國際條約、公約、協定、規範與標準之蒐集、編譯及執行。

十、其他航港相關事務之規劃、執行及督導。

交通部航港局辦事細則（中華民國一百零二年一月三日交通部交人字第 1025000001 號令修正發布第 5、7、14、18 條條文；刪除第 3 條條文；增訂第 10-1 條條文；並自一百零二年一月一日施行）

第 6 條

企劃組掌理事項如下：

一、國際組織事務之參與及研析。

二、海運相關法規制（訂）定、修正或廢止之研議及擬訂。

三、海運、港口、物流與商港自由貿易港區發展策略之規劃及研析。

四、國際公約之蒐集、研析、編冊、管理及國內法制化作業。

五、海運國際合作事務之研析及我國海運業者參與國際合作事務之輔導。

六、航港政策之研析及擬議。

七、海運貿易協議及談判之研析擬議。

八、派員駐境外辦事之作業及管理。

九、法令之研究、整理、編纂及諮詢。

十、其他有關企劃事項。

第 7 條

航務組掌理事項如下：

一、航業、海商相關法規制（訂）定、修正或廢止之研議及擬訂。

二、水運航線之規劃、船舶之調配及航線證書之核發。

三、航業設立登記、變更登記及註銷登記、費率之備查。

四、船舶運送業聯營組織及業務之監理督導。

五、臺灣地區與香港、澳門及大陸地區航運業務之處理。

六、違反航業法規規定及消費者保護案件之處理。

七、外國船舶運送業在臺分支機構之設立登記、變更登記、註銷登記及監督管理。

八、績優航商表揚之審核。

九、航運條約或協定之處理。

十、其他有關航務事務之處理。

第 8 條

船舶組掌理事項如下：

一、船舶相關法規制（訂）定、修正或廢止之研議及擬訂，船舶國際公約之認可及施行之擬議審核。

二、船舶之建（購）造、改造、修理、抵押、出售及拆解等事項之核議。

三、船舶（含小船）檢查、丈量、載重線或吃水尺度勘劃事項之業務督導。

四、船舶登記及小船註冊業務之督導。

五、船舶安全管理與查核、保全事項及保全等級之發布。

六、驗船機構之監督與管理及驗船師執業證書之核發、換發、補發。

七、船舶技術人員訓練、船舶技術規範、檢查技術標準之研訂及核議。

八、非中華民國國籍船舶申請進入非國際港灣口岸之特許。

九、水運動員準備相關事項之擬訂及執行。

十、其他有關船舶事務之處理。

第 10 條

船員組掌理事項如下：

一、船員發展、培訓計畫之研議與相關國際公約認可之研擬及資料蒐
　　集。

二、船員相關法規制（訂）定、修正或廢止之研議及擬訂。

三、船員規劃及研考業務之處理。

四、船員訓練設備購置補充之審議。

五、船員訓練機構、動力小船駕駛、遊艇駕駛及其訓練機構之管理。

六、船員各項訓練、適任性評估與航海人員測驗及發證之管理。

七、船員訓練計畫書核可之研擬。

八、水運動員之船員管理。

九、船員證件、最低安全配額、船員勞動條件及檢查之管理。

十、其他有關船員、動力小船與遊艇駕駛等事務之處理及督導。

第 10-1 條

航安組掌理事項如下：

一、燈塔與助航設施之設置、維護及管理。

二、航行安全相關法規制（訂）定、修正或廢止之研議及擬訂。

三、航行安全策略之規劃及研擬。

四、航船布告。

五、引水業務之監督及管理。

六、海難救護業務之監督及管理。

七、打撈業務之監督及管理。

八、海事案件之處理及統計分析。

九、海事評議事項之處理及評議會議召開。

十、其他有關航安等事務之處理及督導。

第 16 條

各航務中心掌理事項如下：

一、航業監理業務之執行。

二、船員服務手冊、適任證書之核發、換發、補發作業及船員監理業
　　務之執行。

三、船舶檢查、丈量、註冊、登記、載重線勘劃業務之執行。

四、海事案件之調查處理、打撈業務及海難救護業務之管理。

五、引水業務及引水人管理。

六、航路標誌管理及維護之執行。

七、商港公有公共基礎設施之維護及管理。

八、自由貿易港區管理機關應辦理事項之執行。

九、港區污染防治之管理。

十、其他有關航政及港政事務之執行。

4.2 航運經營型態

　　現代海運經營業務之型態，可分為定期船（Liner Service）與不定期船（Tramp Service）之經營兩種。定期航業與不定期航業的差異[1]：

　　定期航業是指經營有固定航行航線、航行船舶、船期、運價及彎靠固定碼頭，對公眾提供客貨運運輸服務之海運業。

　　定期航業之船舶，重視速度及性能之優越性，多數為經營者所自有（Owner Carrier），在自有船舶不敷調配時，以光船租賃（Bareboat Charter）或論時傭船（Time Charter）方式獲得船舶進行營運。所使用船舶大多為貨櫃船（Container Ship）與雜貨船（General Cargo Ship）。

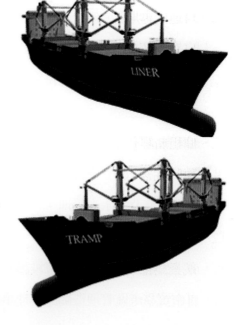

　　不定期航業是指以不固定

1　Difference between a Liner and Tramp service
　　https://shippingandfreightresource.com/liner-and-tramp-service/

的船舶、航期、航線、運價及不固定彎靠港口，大都爲經營大宗散雜貨物運輸的海運業。多數以自有船舶進行經營論程傭船（Voyage Charter），可爲個別託運人服務特別航線及港口。

　海運營業方式因受客觀環境（政治限制、經濟環境）與本身條件（自有船舶數、航線網覆蓋程度、自有營運資金）之影響而有所不同，一般可分爲以下幾類：

一、自營（Ship's Owner Self-operation）：爲規模較大之船公司，購買或建造船舶自行經營定期航線業務。

二、自運或專用（Private）：指公民營企業機構自備或租賃船舶從事自有物資的海上運輸業務，此種運輸方式由企業本身設置船務營運管理部門，或另組航運公司獨立經營，或委託有經驗的航業代理代爲經營管理。

三、傭租船經營（Operation of Chartered Ship）：船公司因季節性或臨時性需求，認爲自行傭租船承運較爲有利時，自船東處以傭租船進行貨物運送。

四、委託營運（Owner's Managing Agents）：小型船公司或企業專用航業爲節省營運成本，或不熟悉營運及無法取得穩定貨源，將船舶委託有經驗船公司或代理人代爲營運，盈虧由船東自負。

五、聯合營運（Traffic Polling or Freight Pooling）：在同一航線之各船公司爲免惡性競爭，共同組織航運同盟（Conference）以求提高運價、壟斷市場，聯合營運以排斥非同盟船舶。各船公司仍

獨立營運，同盟的航線貨源公平分配承載，或運費公平分配。

六、投資控制（Capital Control）：爲降低成本（船員薪資、稅捐等），或爲適應地區政經條件（運送權利），成立子公司或獨立經營，總公司則居投資控制地位。

七、船務代理（Shipping Agents）：指受船舶運送業或其他有權委託人之委託，在約定授權範圍內，以委託人名義代爲處理船舶客貨運送及其有關業務而受報酬爲營業之事業。

八、航業經紀（Shipping Broker）：從事船舶買賣、商情提供、代理船方或貨方進行傭租船業務，代洽保險或法律糾紛、海事案件之處理。

九、船舶貨運承攬業（Forwarding）：以自己之名義，爲他人之計算，使船舶運送業運送貨物而受報酬爲營業之事業。

　　其中航業常參加的航運同盟，依我國航業法第 3 條規定，國際聯營組織（International Joint Service Organization）：指船舶運送業間，就其國際航線之經營，協商運費、票價、運量、租傭艙位或其他與該航線經營有關事項之國際常設組織或非常設之聯盟。國際航運協議（International Shipping Protocol）：指國際聯營組織爲規範營運者間之相互關係、運送作業、收費、聯運及配貨等事項而訂立之約定。

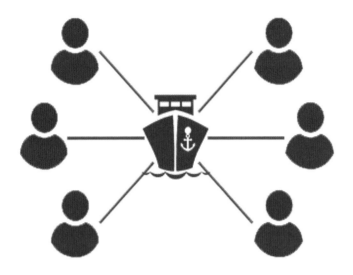

　　定期船航業（貨櫃船）近年因船舶運能擴充過速及全球金融風暴後，市場成長減緩，各國船公司紛傳倒閉或進行合併，船公司分別進行合組策略聯盟。目前海運市場常見的定期船策略聯盟方式有以下幾類[2]：

一、公攤協定（Pooling Agreement）：營運於同一航線上之兩家以上船公司共同派船營運，運價統一，依據一固定公式，對參與協定之成員提供貨運量之盈虧、費用分攤。

二、共同派船（Joint Fleet）：各成員公司共同派船經營某一航線，噸位依出船之比率分配，市場及財務獨立，運價、港埠費用及

---

[2]　蔡蕙安、陳榮傳、姚銘忠，國際定期海運市場及競爭規範研究第 17-18 頁，公平交易委員會，民國 106 年。
　　https://www.ftc.gov.tw/upload/dc1efab7-d9da-4dab-815d-f808c1a45d9e.pdf

其他費用、相關事宜、貨櫃集散站也各負其責，但會協議共用碼頭或其他相關設施。

三、艙位互租（Cross-slot Charter）：兩家或以上之公司經營類似或不同航線，相互簽訂租用艙位契約，擴充彼此服務領域提升服務水準，對於貨源之招攬即船舶之營運，由各航運公司自行作業。

四、艙位互換（Slot Exchange）：船公司以自己擁有之艙位去換取其他公司的艙位，藉以提高艙位利用率並可增加第三國間之承運機會，一般交換艙位之數量相等。

五、艙位租用（Slot-space Charter）：一家公司自行評估在某一航線上之營運規模，未達自行派船水準或市場攬貨量突然增加導致艙位不足，向同航線其他船公司租用所需艙位。

 艙位購買 ➡
◀ 艙位銷售

II 航業經營 -2

貨運作業是海上航運的主要業務，主要以散裝貨與貨櫃貨為主要運送方式，兩者其海運市場的營運基礎與作業條件並不相同，在港埠作業時需有其他輔助性服務業協助貨物裝卸、理貨、公證等。

第五章　貨運作業

5.1 散、什雜貨作業

散、什雜貨管理[1]，依港口裝卸貨種結構及技術可分為：

一、什雜貨裝卸：有包裝或無包裝之成組貨物，如機器設備、金屬塊、家用百貨、罐頭及包（桶）裝貨品等，依貨物屬性使用吊具進行作業。

二、散貨裝卸：指對運輸途中不加包裝而運送的貨物，如煤炭、礦石、散裝水泥及化學肥料、散裝的鹽、糖及糧食等，通常使用抓斗或漏斗，或自動輸送設備搬運。

三、液體貨裝卸：針對運輸石油、化學油品等液體專用船舶，運用液體貨專用裝卸技術和設備，一般採用管道或輸送帶進行運送。

1　楊茅甄，《件雜貨港口管理實務》（第二版）第 24-28 頁，上海人民交通出版社，2015 年。

　　散裝貨包括大宗散貨及液體貨，未經包裝下直接放入船上貨艙，裝貨使用輸送帶及吊貨機，卸貨使用空氣壓縮系統、抓斗式及挖掘機等，為提高作業效率，業者發展出專業化船舶及專用碼頭。

　　散裝乾貨船依其船型大小可分為[2]：

一、輕便型（Handysize）：指載重噸位（Deadweight, Dwt）在20,000~35,000Dwt，20,000Dwt 以下稱為小輕便型船，一般裝有吊貨機，可自行裝卸各種貨物，以裝運小批量散雜貨為主。

二、輕便極限型（Handymax）：指載重噸位（Dwt）在35,000~60,000Dwt，一般裝有吊貨機，可自行裝卸貨物，一般裝運穀類及散裝鋼材、木材及化肥等。

2　陳永順，《散裝船經營學》第 12 頁，麗文文化事業，高雄，2009 年。

三、超輕便極限型（Supramax）：指載重噸位（Dwt）在
　　45,000~60,000Dwt，大都裝有吊貨機，主要載運穀類、金屬礦
　　等，方便在基礎建設落後港口作業。

四、巴拿馬極限型（Panamax）與超巴拿馬極限型（Post
　　Panamax）：巴拿馬極限型，指能航行巴拿馬運河之最大
　　船型，介於 60,000~80,000Dwt；超巴拿馬極限型，指介於
　　80,000~100,000Dwt，適合載運散裝的工業原料，一般需靠碼頭
　　裝卸機具作業。

五、海岬型（Capesize Vessel）：此型噸位在 100,000Dwt 以上，
　　其中 100,000~150,000Dwt 稱為小型海岬型船（Small Capesize
　　Vessel），超過 200,000Dwt 以上者稱為超大海岬型（Super
　　Capesize Vessel）。主要在長途運送礦砂及煤炭的貿易路線，由
　　於船型特大，全球僅有少數港口具有基礎設施能夠接納。

　　自動化輸送裝卸系統，應用在大宗貨物的作業碼頭，對船舶的糧
食、水泥礦砂、石化油品等類貨物，可節省勞力、作業大，對作業現
場的環境污染影響比傳統露天作業小。

　　港區各式儲槽（如水泥槽、煤倉、穀倉等）是因應貨主專用，儲運特殊貨物，建築物特別注意防火、防爆及防溼的作業設施，通常配備自動輸送設備、空污及揚塵防治設施。

港埠除儲存一般貨物的普通倉庫（包括保稅倉庫），海運的危險物品（Dangerous Good）作業，基於港區設施及作業人員的公共安全，亦是各政府機關管理的督導重點。

表 5.1　主要危險物品運送及儲存管理法規

名稱	主管單位	說明
IMDG Code 國際海運危險品章程及其修正案	國際海事組織 交通部	航行國際航線之船舶裝載危險物品之申報文件、標示、作業規定。
MARPOL 防止船舶污染國際公約附錄三	國際海事組織 交通部	防止海上載運包裝型式有害物質污染規則及其修正案規定。
商港法	交通部	遇難及入港裝載危險物品作業規定。
商港港務管理規則	交通部	入港裝載危險品船舶作業及儲放管理計畫督導。
船員法	交通部	船員私運攜帶危險物品之禁制。
船舶危險品裝載規則	交通部	船舶裝載危險品的包裝、標記及標籤、裝運文件、裝載運送及檢查。
船舶運送業管理規則	交通部	船舶旅客行李之危險物品管理。
小船管理規則	交通部	載客小船不得兼載危險物品。

名稱	主管單位	說明
海關管理貨櫃集散站辦法	財政部	裝有危險物品之實貨櫃應有特別標誌並將其貨櫃號碼及儲位通知海關。
消防法	內政部	為公共危險物品及可燃性高壓氣體管理。
公共危險物品及可燃性高壓氣體製造儲存處理場所設置標準暨安全管理辦法	內政部	公共危險物品及可燃性高壓氣體之製造、儲存或處理場所之位置、構造、設備之設置標準及儲存、處理、搬運之安全管理。
危害性化學品標示及通識規則	勞動部	雇主對容器的標示及提供安全資料表、清單、揭示及通識措施。

　　我國港區危險物品倉庫依消防法申請建築物消防設備檢查合格，另依商港法申請為危險物品倉庫，交通部航港局依商港港務管理規則第 25 條組成危險物品安全作業督導小組，督導港區內危險物品裝卸、運送、存放及事故處理。

5.2 貨櫃作業

　　貨櫃作業是針對貨櫃運送貨物、貨櫃船，採用各式起重機（如岸邊橋式起重機、櫃場門式搬運機及起重機）與運輸工具（拖車、駁船、火車），進行貨櫃的搬運工作。

　　港口貨櫃碼頭（Container Terminal）提供貨櫃船裝卸作業專用，一般規劃有深水碼頭、後線的貨櫃場、進出管制站、貨櫃集散站（Container Freight Station, CFS）、貨櫃修理工廠、拖車加油站、拖車架停車場、海關及管理辦公室等。

　　貨櫃碼頭管制站（Gate）是貨櫃進出碼頭的通道，分進、出口櫃不同有不同之車道，拖車在此進行貨櫃及文件的繳驗，辦理交、提櫃的手續，大型貨櫃中心會採用自動化的門哨系統，進行貨櫃、文件查驗，及比對海關放行資料，以節省拖車進出查驗作業時間。

　　貨櫃碼頭岸邊作業，在貨櫃船尚未泊靠前，即先行進行船席停靠規劃、機具及人力規劃、場地規劃、文件製作及傳送，並與船上人員進行注意事項與作業規劃討論。

　　貨櫃場（Container Yard, CY）提供貨櫃船在岸邊作業時的緩衝空間，轉口櫃在此等候下一個轉運船班，進口櫃等候貨主通關提領、出口櫃等候裝船作業安排，現較多採用自動化搬運系統以提高處理效率。

　　碼頭後線之貨櫃場提供貨主進口與出口貨櫃臨時存放，配合貨主辦理通關手續及交、提貨櫃，櫃場依海關規定劃分進口、出口及轉口之不同的儲區，不得混雜存放。

　　存放海運危險物品之貨櫃（化學品槽櫃），列為特殊管理的區域，並依商港法及海關規定，需存放在特別區分的儲區，具有高度危險性之物品，未經許可不得在港區內存放。

II 航業經營 -3

客運作業是航業與港埠提供旅客海上交通與旅遊的服務，涉及入出港、航線申請、船舶安全標準、票價訂定，其中海洋觀光更涉及觀光推動政策、旅遊方案的設計配套，需要不同的觀光旅遊活動與交通運輸業界配合。

第六章　客運作業

6.1 國內客運

　　臺澎金馬地區四面環海，民眾對外交通除民航空運外，貨物與車輛運輸以海上航運為主。民眾赴外旅遊，海上客運也是主要交通選項。港埠提供旅客服務中心（客運中心）供民眾購買船票場所、候船室、車輛及行李檢查託運、船期航班及旅遊資訊服務等；為保障旅客航行安全及消費權益。航政機關另對船舶設備安全、航線許可、票價審核、防災應變及消費者申訴，依相關航政規定督導客運業者。

　　航政機關依船舶法及航業法，再另訂管理規則督導（河湖如日月潭、淡水河亦適用）：

客船管理規則（中華民國一百零六年一月九日交通部交航字第10550174681號令修正發布第23、27、56、57、59、101、103～105、148條條文及第36條條文之附表二、第153條條文之附表六；增訂第126-1條條文；刪除第99、100、106條條文）

表 6.1　客船管理規則名詞定義彙整

規則	名詞定義
第2條	本規則所稱**客船**，指非小船且乘客定額超過十二人之船舶。
第5條	本規則所稱**國際客船**，指在國際航線或短程國際航線航行之我國客船。
第6條	本規則所稱**國際航線**，指船舶航行於我國港口與外國港間，或外國各港口間之航線，而不屬於短程國際航線者。
第7條	本規則所稱**短程國際航線**，指船舶航行於某一國際航線上，其距離可供乘客與船員安全著陸之港口或地點不逾二百浬；自離開本國發航港至外國目的港，或自外國發航港至本國目的港，或兩外國目的港間，其距離不逾六百浬者。
第8條	本規則所稱**國內客船**，指在本國外海、沿海或內水航線航行之我國客船。
第9條	本規則所稱**外海航線**，指船舶航行於本國外海、或附屬島嶼間之航線，而不屬於沿海航線者。

規則	名詞定義
第 10 條	本規則所稱**沿海航線**，指船舶航行於本國沿海或附屬島嶼間之航線上，其距離海岸不逾三十浬者。
第 11 條	本規則所稱**內水航線**，指船舶航行於本國江河湖泊以及其他內陸水道或港區內之航線。
第 12 條	本規則所稱**渡船**，指在國內一定港埠或口岸間用以銜接陸上交通，逐日與隔日按班次作定期往返航行之客船。

　　為因應民眾對海上旅遊及交通的需求，航政機關對高速航行的客船也特別訂定管理規則，以因應臺海四週海域的氣候（特別是秋冬的季風）航行安全。

高速船管理規則（中華民國一百零五年一月十八日交通部交航字第 10550001431 號令訂定發布全文 43 條；並自發布日施行）

第 2 條

高速船指依高速船安全國際章程及其修正案設計、建造，且船舶航行時最大船速在參點柒乘以設計水線時排水體積（立方公尺）之零點一六六七次方以上，以每秒公尺計（公尺／秒）之船舶。

第 4 條

高速船之檢查及發證，由航政機關辦理。

下列高速船安全證書發證，主管機關得委託驗船機構辦理：

一、國際航線高速船安全證書。

二、已向驗船機構申請入級之國內航線高速船安全證書。

　　國內依航業法所訂定規則，對客船客票、運價表訂有規定，臺灣海上交通爲離島民眾主要交通運輸工具，政府亦另訂票價優惠規定。

船舶運送業管理規則（中華民國一百零五年二月二十六日交通部交航字第 10550019841 號令修正發布第 5 條條文之附件三、第 7 條條文之附件五、第 12 條條文之附件十；增訂第 17-1～17-5 條條文；刪除第 17 條條文）

第 16 條

船舶運送業簽發客票，應記載船舶所有人或運送人、船名、發航港、目的港、等級、艙位號數、票價、票號、預定發航時間及發售日期。記名客票，應載明乘客姓名、性別及發票人姓名、職責；不記名客票，應載明有效期限。

第 18 條

船舶運送業經營固定航線船舶之客、貨運價表，應報請航政機關備查。前項運價表應包括各種附加費、計費方式、運輸條件及運輸章則。參加運費同盟或聯營組織之船舶運送業，其運價表得由該運費同盟或聯營組織或其在中華民國境內之機構集體申報。

離島建設條例（中華民國一百零八年五月二十二日總統華總一經字第 10800049591 號令修正公布第 10-1 條條文）

第 15-1 條

為促進離島地區居民對外交通便捷，凡與台灣本島間對外交通費用，應由中央政府編列預算補貼，如係補貼票價者，金額不得低於其票價百分之三十。

前項票價補貼辦法，由交通部擬訂，報行政院核定之。

離島地區居民往返離島與臺灣本島海運票價補貼辦法（中華民國一百零四年二月二十六日交通部交管字第 10470006021 號令修正發布第 4、6 條條文）

第 2 條

本辦法所定離島地區如下：

一、金門縣。

二、連江縣。

三、澎湖縣。

四、屏東縣琉球鄉。

五、臺東縣綠島鄉及蘭嶼鄉。

第 3 條

設籍於前條離島地區之居民，搭乘國內固定海運航線客船往返於臺灣本島與其設籍之離島間者，應憑國民身分證或戶口名簿正本，始得向縣（市）主管機關申請票價補貼。

前項補貼額度為全額票價之百分之三十。本辦法施行前已實施票價補貼之航線，其補貼額度高於全額票價之百分之三十者，得維持其原有補貼額度。

6.2 國際郵輪

　　郵輪名詞定義[1]：

一、郵輪（Cruise, Cruise Ship）：「Cruise Ship」的原意，是指定期、定線航行於海洋上的大型客運輪船，近代則一律通稱之為「郵輪」。「郵」字則因過去歐美越洋郵件，多由這種客輪運載故因而得名。

二、郵輪旅遊（Cruise Tour）：郵輪旅遊是指以郵輪作為交通載具、旅館住宿、餐飲供應及休閒場所之多功能工具，進行相關觀

1　呂江泉，《郵輪旅遊概論》，新文京出版社，臺北，2019 年。

光、旅遊及觀賞風景文物等活動，故稱謂之「Cruise Tour」。傳統郵輪主要定位於越洋運送旅客與郵件，其基本生活設施配備，單純是給旅客提供一段舒適的航程。現代郵輪本身就兼具有旅遊目的地的內涵，其船上生活娛樂設施也成為海上旅遊的一個重要的組成，反而是郵輪靠岸，則只是為了進行岸上觀光旅遊，或完成其海上的航遊行程。

三、郵輪旅遊產業（Cruise Industry）：「Cruise Industry」，即指以海上輪船作為運載旅客的工具，規劃縱橫交錯的越洋跨國航行路線，以多樣化的食衣住行育樂暨岸上遊程服務滿足旅客之需求；同時亦結合船舶修造、交通運輸、港口設施、物料補給、休閒旅遊、餐飲旅館、購物百貨、銀行保險，以及服務管理等相關行業，多元組合而成的一種複合型產業。

　　目前由於我國並無本國籍註冊郵輪，申請航行國外港港口與我國非國際商港之郵輪航線，外籍郵輪與中國大陸郵輪需經航政機關申請特許。

　　為利發展郵輪觀光，交通部航港局為便利外籍郵輪業者申請來臺靠泊非國際商港及加速審核時效，依據船舶法第 8 條（非中華民國船舶，除經中華民國政府特許或為避難者外，不得在中華民國政府公告為國際商港以外之其他港灣口岸停泊。），以及航業法第 4 條（非中華民國船舶，不得在中華民國各港口間運送客貨。但經主管機關特許者，不在此限。）簡化規定訂定業者申請作業程序。

申請外籍郵輪來臺靠泊非國際商港作業程序（交通部航港局令，中華民國 107 年 11 月 6 日航務字第 1071610756A 號」，並自即日生效。）

三、適用對象：靠泊我國國際商港以外港灣口岸之郵輪，並依航線別區分（如附件一）。但大陸籍船舶依「臺灣地區與大陸地區海運直航許可管理辦法」規定辦理。

(一) 國際航線

航行國際航線且有靠泊我國非國際商港之情形者，適用船舶法第八條規定，如有單獨販售國內航段之客票者，另應依航業法第四條規定申請特許。

(二) 國內航線

航行我國國內航線者，除適用船舶法第八條規定外，另應依航業法第四條規定申請特許。

　　郵輪港口依是否涉設有專用碼頭、固定航線、旅客流量大小及是否設有郵輪公司總部而定，通常分爲一般停靠港、郵輪基本港和郵輪母港三種類型[2]：

一、一般停靠港：能夠停靠郵輪，但未設有郵輪專用的碼頭及服務設施，只供臨時停靠或短時間停留。

二、郵輪基本港：供郵輪定期彎靠，擁有基本的郵輪碼頭及服務設施，尚未形成郵輪母港的規模，一般爲中途彎靠港。

三、郵輪母港：是郵輪出發及返程港口，並進行後勤補給及維修之處。不僅擁有配套設施完整的專用碼頭，相關配合產業爲數眾多，城市擁有豐富的旅遊資源及便捷的交通聯接。

　　發展郵輪母港的經濟效益及條件：

一、經濟效益

• 賺取外匯：郵輪公司與大多數旅客是來自國際，郵輪的到離港，提供在城市的休閒娛樂及餐飲購物消費。

• 帶來新產業與商機：郵輪在港補給維修，旅客旅遊接待，與一般爲貨船及船員服務性質不同，是新的服務要求。

• 提高城市知名度：郵輪選擇港大多具有豐富自然景觀，或歷史文化、娛樂活動，可增進國際人士的認識。

2　龍京紅、劉利娜，《郵輪運營與管理》第 170-173 頁，中國旅遊出版社，北京，2015 年。

- 促進就業：郵輪公司在港口設立代表處、辦理各項行程說明與銷售活動，擴大就業機會。
- 提升港口服務水準：郵輪對港口及專業服務人員要求很高，能促進港口船舶設施、旅遊及餐飲的服務水準。

二、發展條件

- 客源市場：充足大量的客源市吸引郵輪公司設置據點的因素，除了本地也包括鄰近國家乘船的旅客。
- 地理位置：郵輪母港的選址與航線數有關，本地有豐富的旅遊資源外，以及附近能有被開發成功的郵輪熱點。
- 交通運輸：安全、便捷、快速及舒適是郵輪旅遊的基本求，郵輪碼頭需與各項運系統相結合。
- 旅遊資源：旅遊景點是否豐富、距離遠近、交通便利性與資訊提供，是郵輪母港的成功因素之一。
- 商業服務：遊客到港的消費大多是購物、餐飲及旅遊服務，因此客運中心功能會結合周邊的商業設施。
- 物資供應：郵輪補給包括本身的燃料、生活日用品、飲水及垃圾清運等，船上旅客的餐飲物質要求品質及數量，會較一般貨船為高。
- 金融保險：金融保險業對郵輪發展相當重要，郵論的建造租賃及營運，需要大額資金支持，其條件與服務要求也較高。

　　郵輪選擇停靠港[3]，關係到航程設計、市區旅遊行程、船舶調度、售票廣告設計、客源市場等因素，也包括停靠港的港灣費用高低、客運設施是否完善、入出境程序簡化等。

表 6.2　郵輪停靠港的吸引因素

深水、不凍、避風	便捷遊客入出境	豐富的夜生活
可直接進出航道	補給及垃圾清理	旅遊活動節目
先進郵輪碼頭	免稅購物商店	文化及歷史資產
鄰近國際機場	舒適安全環境	水上及陸上活動

　　臺灣港埠客運設施的國際客運設施，依我國商港法應提供政府相關機關辦理入出境及行李查驗場所，其中 CIQS 代表的即是海關檢查（Customs）、證照查驗（Immigration）、人員檢疫及動植物檢疫（Quarantine）、安全檢查及航空港口保安（Security），是國境守護最重要的四道安全關卡。

3　倪望清、胡治國，《國際郵輪服務與管理》第 58-59 頁，天津大學出版社，天津，2017 年。

有用的參考資源

崔延紘，海洋運輸學，國立編譯館，臺北，民 91 年。

陳永順，散裝船經營學，麗文文化事業，高雄，2009。

曾俊鵬，國際貨櫃運輸實務，華泰文化，臺北，2010。

曾俊鵬、廖玲珠，海運承攬運送業理論與實務，五南圖書，臺北，
2010。

中鋼運通股份有限公司
http://www.csebulk.com.tw/

中國航運股份有限公司

http://www.agcmt.com.tw/

台塑海運股份有限公司

http://www.fpmc.com.tw/

台灣航業股份有限公司

http://www.taiwanline.com.tw/

台灣國際郵輪協會 – 教育訓練專屬網站

https://www.go2free.com.tw/icct/index.html

裕民航運股份有限公司

http://www.uming.com.tw/tw

新興航運股份有限公司

https://www.snc.com.tw

慧洋海運集團

http://www.wisdomlines.com.tw/wisdom/php/home.php

長榮海運股份有限公司

https://www.evergreen-marine.com/tw/

高明貨櫃碼頭股份有限公司

http://www.kmct.com.tw/

陽明海運股份有限公司

https://www.yangming.com/index.aspx?localver=

萬海航運股份有限公司

https://tw.wanhai.com/views/Main.xhtml

德翔海運股份有限公司

http://tslines.com/index.php

CMA CGM Group

https://www.cma-cgm.com/

CLIA – Cruise Lines of International Association

https://cruising.org/

MAERSK Line

https://www.maersk.com/

MSC Mediterranean Shipping Company

https://www.msc.com/twn

Princess Cruises

https://www.princess.com/

Royal Caribbean Cruises

https://www.royalcaribbean.com/

Star Cruises

https://www.starcruises.com/tw/tc

UNCTAD - Review of Maritime Transport (Series)

https://unctad.org/en/Pages/Publications/Review-of-Maritime-Transport-

(Series).aspx

Ⅲ 港埠經營 -1

港務營運是針對人、船、貨的服務對象，提供船舶航行安全及客貨裝卸作業的車、機、船等設施，以合適的管理措施以提高港埠營運及增加收益，在港務管理作為、安全維護、使用規劃上，達到法規及政策上的規劃目標，為港埠經營與管理的基本核心作業。

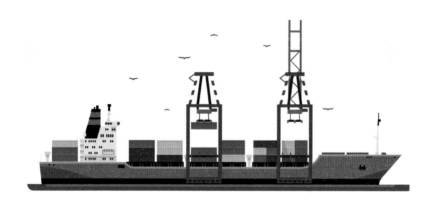

第七章　港務管理

7.1 港埠功能

　　港埠的功能[1]可約略分為：船舶相關業務（港灣進出、船舶後勤、船舶導航等）、提供港埠設施及基礎建設、貨物相關業務及物流功能、行政功能（利害關係人、法規契約、作業規範、公共關係等）、客運港埠作業功能、商務功能、產業功能（各式工業區專用區）、國防功能、港務管理者功能（投資財務、港埠費率、企劃研究、資訊建設、職業安全衛生政策等）。

　　港埠所提供的功能依世界銀行（World Bank）的分類如表 7.1 所示，考分為服務港（Service Port）、工具港（Tool Port）、地主港（Landlord Port）、民營港（Private Port）等。

1　參考張志清著，《港埠經營與管理》第 6-10 頁，臺灣海洋大學航運管理系，基隆，2018 年。

表 7.1　港口管理模式

類別	基礎設施	營運設施	裝卸工人	其他功能
服務港	公有	公有	公營	主要公營
工具港	公有	公有	民營	主要公營
地主港	公有	私有	民營	主要民營
民營港	私有	私有	民營	主要民營

　　港務管理廣義泛指港埠經營管理，以及港埠工程建設與規劃，狹義可指港灣設施管理及安全、行政及行業作業管理等，但屬港政公權力部分由當地航政管理及執行（如特許行業申請許可、商港法修正建議及罰則執行等）。

港口的功能

一、商務功能：服務船舶相關行業、提供客貨作業有關設施及人力，辦理貿易招商相關活動。

二、工業功能：港口所在區域，基於各式工業發展需要，輸入原物料後，由本地加工製造後再行復運出口。

三、轉運功能：船舶裝運進出口貨物，於國際貿易型態及貨主要求，將貨物整批或分裝後，再行轉運其他區域。

四、觀光功能：港口水岸設施及特定海域，可提供民眾從事海上休閒娛樂活動，發展觀光相關產業。

五、國防功能：提供軍事、海巡、關務及港務警察等單位的公務艦艇

與人員作業場所、以維護國境及海域安全。

港口種類

一、依使用目的不同而區分：商港、工業港、漁港、軍港與遊艇港。

二、依地理形勢而區分：海港（海陸相連的河灣港、河口港、灣頭港）、內陸的河港、湖港及海峽港、人工港。

三、依國家政策而區分；國內港、國際港、自由港（自由港市、自由港區、自由地區）、工業專用港。

港口設施

　　港埠範圍含水域及陸域，港口管理機關（構）應設置各項設施，服務客貨船能安全、有效率的進行作業。

一、水域設施：航道（Channel）、迴船池（Turning Place）、錨地（Anchorage）、船渠（Dock）、防波堤（Breakwater）、燈塔（Lighthouse）、繫船浮筒（Mooring Buoy）。

二、陸域設施：一般碼頭（Wharf）、倉庫、危險物品（Dangerous Cargo）碼頭、專用碼頭（散裝碼頭、客運碼頭、生鮮碼頭、貨櫃碼頭）、棧橋（Landing Pier）、岸壁（Quay Wall）、各類交通設施、各式船舶補給維修設施。

三、專業地區：設置自由貿易區、加工出口區及各式的專業工業區。

7.2 港務行政

　　「港灣」與「港埠」兩者一般常被混用，但實際上其意義並不相似。港灣（Harbor）為沿海岸之海灣，具天然之屏障，有寧靜之水面，及足夠之水深，並可供船舶駛入及錨泊之場所。港埠（Port），原為古拉丁文語 PORTA 意為「位於水岸之門戶，除有安全屏障外，並有水、陸接運之涵義」，在港灣內尚有各種應用之設備，航道安全設備，船舶繫泊設備，貨物裝卸及儲轉設備，旅客上下及休憩設備，油煤水電之供應設備，船舶修理設備，船岸通訊設備（如信號台、雷達站、無線電、電報等），以及通達腹地之運輸工具，配合足夠之勞力，供貨物及旅客運轉之需要；無論服務於港灣或港埠均稱為「港務」[2]。臺灣國際商港之港務行政依職能分科設置：

一、港務行政

　　(一) 國際船舶與港口設施保全

　　(二) 港務管理法規之修正建議

　　(三) 商港區域範圍及商港管制區之建議

　　(四) 港市都市計畫事項之處理

　　(五) 危險物品作業事項

2　參考楊和基編著，《港務管理》第 1 頁，前程出版社，高雄，民國 80 年再版。

(六) 船舶理貨業、船舶船員日用品供應業、船舶小修業、船舶勞
　　務承攬業及船舶公證業之業務處理

(七) 港灣通報

(八) 港灣設施巡查、報修及管理

(九) 港區安全與秩序

(十) 國際商港通行證核發

(十一) 港區水域工程同意及配合陸域工程事項處理

(十二) 船舶拆解申請同意

(十三) 小船管理

(十四) 國際衛生條例（IHR）指定港埠核心能力

(十五) 可航行港外交通船業務

(十六) 港口災害防救綜合業務

(十七) 港區遊港船及觀光船業務

(十八) 港區船舶加油業務

(十九) 交通動員準備業務

(二十) 港區開放垂釣及管理業務

(二十一) 港區公用道路等設施損壞報修等業務

(二十二) 港區管制站處理事項

(二十三) 港區遙控無人機申請使用及安全管理業務

二、監控中心

(一) 船舶泊港管理

(二) 船舶進出港及移泊申請審辦

(三) 解體船之管理

(四) 船舶動態資料

(五) 港區災害防救

(六) 港灣設備損害賠償案件之處理

(七) CCTV 監看及系統資料管理

(八) 港內水域海事工作船渠及浮筒等船隻繫泊巡查

三、港勤中心

(一) 港勤船舶維護

(二) 民營拖船業監督管理

(三) 民營港勤作業監督管理

(四) 船舶油脂請購核發

(五) 物料請購使用

(六) 港勤船泊靠泊使用

四、航管中心

(一) 船舶進出港管制

(二) 船舶移泊管制

(三) 船舶違反航行規定彙送

(四) 船岸通訊與事件通報

(五) 港口管制作業要點檢討與修正

(六) 海象水文資料

(七) 導航設備之管理維護

(八) 海氣象設備之管理維護

(九) 船舶交通服務系統設備維護

(十) VTS 資料提供

7.3 港口保全

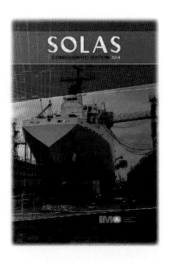

國際船舶與港口設施章程（International Ship and Port Facility Security Code；ISPS）是 1978 年海上人命安全國際公約（SOLAS）針對船舶、港口及港口國政府對於保全的一項修正案，於 2004 年開始生效。其規定港口國政府、船東、船上人員以及港口／設施人員察覺保全威脅及採取相對的預防措施，以防止保全事件影響從事國際貿易的船舶或港口設施。

這是為了因應 2001 年 9 月 11 日美國 911 恐怖攻擊事件後，國際海事組織（IMO）根據聯合國安全理事會於 2001 年 9 月 28 日通過第 1373（2001）號決議所產生的。IMO 大會針對船岸介面活動、港口設施、船對船活動以及締約國政府確保實施前項活動之保全，新增及修訂公約內容。其中修訂了第 V 章及第 XI-1 章與新增第 XI-2 章及國

際船舶與港口設施保全章程。

為驗證我國國際商港各港口設施持續符合「國際船舶與港口設施保全章程」規定，依商港法第 42 條規定，由航港局督導商港經營事業機構辦理各國際商港保全評估作業，並擬訂保全評估報告及保全計畫；同時依商港法第 43 條規定，航港局對港區保全業務進行查核及測試，並配合國際公約規定，每 5 年重新核發「港口設施符合聲明書」，及每年 4 月至 8 月進行年度查核工作，辦理 ISPS 之合格簽署。港口設施保全等級分為三級：

• 保全等級一：正常狀況，船舶或港口設施在正常作業之狀況。
• 保全等級二：升高狀況，保全事故風險升高之狀況。
• 保全等級三：異常狀況，保全事故很可能發生或即將發生之狀況。

其中船岸介面作業之保全措施其六大要項為：進入港口設施、限制區域、貨物裝卸、船舶物料交付、非隨身行李裝卸、監視港口設施。

商港法（中華民國一百年十二月二十八日總統華總一義字第 10000293541 號令修正公布全文 76 條）

第 42 條

商港經營事業機構應辦理各國際商港保全評估作業，並據以擬訂保全評估報告及保全計畫，報請航港局核定後實施。

國際商港區域內各公民營事業機構，應依前項計畫辦理港口設施保全

評估作業，並據以擬訂保全評估報告及保全計畫，報請航港局或其認可機構核定後實施。

第 43 條

航港局得查核及測試國際商港區域內作業之各公民營事業機構之港口設施保全措施及保全業務，受查核及測試者不得規避、妨礙或拒絕；檢查結果發現有缺失者，應通知其限期改善。

前項航港局查核及測試時，得會同港務警察機關等相關安全機關辦理。

Ⅲ 港埠經營 -2

港埠管理為港埠進行客貨裝卸的現場作業管理，主要有船邊交、提貨及倉儲作業等，審慎的事前規劃、準確的作業程序、災害防救規劃，都對人船貨的安全、提高作業效率及港埠設施使用有相當重要的影響。

第八章　港棧作業

8.1 港灣作業

　　港埠作業主要提供船舶作業服務，重要工作為船舶進出港作業、船席調度、船舶載運危險品作業，作業規劃良莠關係航行安全及客貨作業效率。

8.1.1 船席調派作業

　　船舶進港前，由船公司或代理行先向商港管理機構申請船席（Berth），並出席船席調派會議協調。船席調派以能達到船舶到港，迅速靠泊碼頭，立即裝卸客貨為原則。

　　船席調派會議由港務及棧埠單位人員出席，會議每日舉行一次（例假日除外），根據船舶資料及倉儲情形，商討翌日船席之分配，今日亦可透過網路系統登入申請[1]。

　　每日會議前應將船舶載貨類別、數量、裝卸情形、工作艙口數、工作吊桿數、艙位分配計畫、裝卸及搬運機具（起重機、堆高

---

[1]　http://163.29.117.237/basui/wfrmlogin.aspx　高雄港船席調派系統

機、駁船等）資料蒐集完整，決定裝卸作業部署。港埠船席能否調度靈活，依據港內水域大小與深淺，以及碼頭通棧、倉庫數量為準。碼頭依船舶大小及航線分為遠洋與近洋航線（或國際與國內航線）；按碼頭水位深淺有深水與淺水碼頭、按貨物種類分雜貨、青果、穀倉、煤鐵、危險品及油輪碼頭；依碼頭專用設用設備有客輪、貨櫃、駁運碼頭。

8.1.2 船舶助航設備

助航設備又稱航路標識，為供船舶測定船位，引導船舶歸航，指示可以航行之航路或警告船舶趨避危險及障礙之用，為海岸及港埠重要設施。

我國航路標識之主管機關為交通部，其業務由航政機關辦理。直轄市及縣（市）政府、港口管理機關（構）、法人機構及各目的事業主管機關，經航政機關核准，得設置必要之航路標識，並負責維護及管理；其變更或移除亦同。但其他法律另有規定者，依其規定辦理，另報請航政機關備查。

航路標識條例（中華民國一百零七年十一月二十一日總統華總一經字第 10700125411 號令修正公布全文 13 條；並自公布日施行）

第 3 條

本條例用詞，定義如下：

一、航路標識（Aid to Navigation）：指供船舶航行於水域時，定

位導航之助航設施，包括燈塔（Lighthouses）、燈浮標（Light buoys）、浮標（Buoys）、浮椿（Floating piles）、燈杆（Light poles）、標杆（Guideposts）、雷達訊標（Radar beacons）及其他經航政機關公告之標識。

二、水域：指海洋、河川、湖泊、水庫等可供船舶航行之水面。

三、航船布告（Notice to Mariner）：指航政機關所發布，有關中華民國領域內設備、設施、地形、水文之新增、改變或其他危險信息之航行資訊服務。

四、海洋設施：指海域工程所設置之固定人工結構物。

　　船舶交通系統（Vessel Traffic Service, VTS）[2]，也譯作船舶交通服務系統是由港口當局建立的船舶交通監控系統。典型的船舶交通管理系統，使用雷達、閉路電視、VHF 無線電話和船舶自動識別系統（Automatic Identification System, AIS）來保持對船舶移動的跟蹤並在有限的地理範圍內提供航行安全。VTS 的硬體設施依照功能的不同大致分為三類：海上交通與水域氣象資訊蒐集與顯示設施、通訊設施、資料整合處理與分析的設施。軟體設施則包括航道系統規劃與海上交通法規等。

2　Vessel Traffic Service – IMO
　　http://www.imo.org/en/OurWork/Safety/Navigation/Pages/Vessel
　　TrafficServices.aspx

我國商港第一套 VTS 系統選擇建置於基隆，也開啟了國內三大國際港建置 VTS 的里程碑。基隆港的 VTS 系統於 1999 年正式啟用、高雄港於 2002 年啟用，而臺中港則是在 2007 年 2 月啟用。

8.1.3 危險物品作業

港內裝卸儲藏貨物，因少數危險物品（Dangerous Goods）易於發生燃燒或爆炸事件，波及事件範圍內之碼頭或市區，使生命財產蒙受重大損失，危險物品碼頭的位置盡量與一般碼頭隔離及作業管理重視隔離及防火條件。

海運危險物品是指依聯合國國際海事組織所定國際海運危險品貨物規則指定之物質。在港埠作業時有採用化學槽櫃、單位包裝或使用管道運輸（預設管線或油罐車）進行搬運作業，國內外法規對其貨物申報要求、標示內容、作業環境資格、消防條件有嚴格規定。

「國際海運危險貨物規則」（IMDG Code）係由國際海事組織（IMO）制定，每兩年更新一次，技術內容主要源於聯合國「關於危險貨物運輸建議書規章範本」。由於海運是進出口危險貨物的主要方式之一，在國際間運輸時，必須遵守「國際海運危險貨物規則」技術要求，除了做好危險性分類、選擇合適包裝，並須依據「全球化學品統一分類和標籤制度」（GHS）要求，加貼合適的標記及標籤，以免影響貨物進出口。

船舶危險品載運規則（中華民國一百零四年八月十三日交通部交航字第 10450106191 號令修正發布）

第 2 條

船舶除遊艇及小船外，其危險品之裝卸及載運應依本規則規定。航行國際航線之船舶並應符合國際海運危險品章程及其修正案、防止船舶污染國際公約附錄三防止海上載運包裝型式有害物質污染規則及其修正案規定。

商港法（中華民國一百年十二月二十八日總統華總一義字第 10000293541 號令修正公布全文 76 條；施行日期，由行政院定之）

第 25 條

入港船舶裝載爆炸性、壓縮性、易燃性、氧化性、有毒性、傳染性、放射性、腐蝕性之危險物品者，應先申請商港經營事業機構、航港局或指定機關指定停泊地點後，方得入港。

船舶在港區裝卸危險物品，應經商港經營事業機構、航港局或指定機關之同意。對具有高度危險性之危險物品，應由貨物所有人備妥裝運工具，於危險物品卸船後立即運離港區；其餘危險物品未能立即運離者，應於商港經營事業機構、航港局或指定機關指定之堆置場、所，妥為存放。

裝載危險物品之船舶，應依照規定，日間懸掛紅旗，夜間懸掛紅燈於最顯明易見之處。

8.2 棧埠作業

　　商港的功能[3]，一方面爲船舶服務，一方面爲陸運工具服務，客貨由海輪轉水陸運輸工具的輸出入，均需要在商港作業而完成，故屬棧埠管理範圍。棧埠管理要使設備效能達到最高，使用設備費用降低到最小，以擴大港口吞吐量。

港口棧埠管理管理單位主要掌理下列事項：

一、碼頭、倉棧、機工具、旅客服務之經營及管理等事項。

二、勞工安全衛生管理、污染防治等事項。

三、其他有關現場作業協辦事項。

商港棧埠管理規則（中華民國一百零一年八月二十二日交通部交航字第 10150121882 號令發布廢止）

第 2 條

商港之棧埠業務範圍如下：

一、裝卸（Loading and unloading）業務。

二、倉棧（Warehousing）業務。

三、拖、駁船（Tug and barging）業務。

四、船舶理貨（Tally）業務。

3　參考劉心怡著，《商港棧埠管理》第 4 頁，交通部交通研究所，臺北，民國 63 年。

五、旅客服務（Passenger service）業務。

第 12 條

裝卸業務如左：

一、船上裝卸。

二、陸上裝卸搬運。

三、有關裝卸之其他雜項作業。

第 37 條

倉棧業務範圍如下：

一、進口、出口及轉口貨物之存儲。

二、其他倉棧業務。

第 101 條

經營棧埠作業拖駁船之申請，依商港管理機關之公告方式辦理。

商港區域內之拖駁船艘數、船型及噸位，由商港管理機關視港區水域狀況予以核定。

第 107 條

船舶理貨業務範圍如下：

一、散雜貨及貨櫃之計數、點交、點收。

二、船舶裝卸貨物時之看艙。

三、雜貨包裝狀況之檢視。

四、散雜貨標識分類、貨櫃櫃號識別等相關理貨業務。

散雜貨及貨櫃之數量、標識、櫃號及雜貨包裝狀況，應由委託人或倉

儲業者與理貨業者共同簽證。

國內航線之船舶理貨業務,得由船方或貨主視實際需要委託理貨業者辦理。

第 115 條

旅客服務業務範圍如下:

一、有關船運旅客上下船服務事項。

二、有關旅客行李上下船搬運事項。

三、有關船運旅客之其他服務事項。

8.2.1 裝卸作業

裝卸(Cargo Handling or Freight Handling)習慣指航運、港灣或鐵公路的運輸業務中,不分形狀將貨物裝上卸下、堆放移動,使在運輸的時間及空間獲致增加價值的效用。

港埠裝卸搬運其目標在提高效率爭取時效，其作業要領：

一、合作（Coordination of Handling）：船上及陸上工作人員應切實合作進行工作計畫，充分運用人力及工具。

二、集中作業（Concentration of Operation）：作業場所與人力機具盡量集中避免分散，指揮及工作進度將較易掌握。

三、機具通用（Flexible Equipment）：考量工作性質及貨物數量、種類及大小重量，工具盡量能通用減少更換。

四、直線移動（Straight Line Flow）：減少貨物搬動距離可節省人力時間及車機使用的費用。

五、連續移動（Continuous Flow）：大量貨物移動如採自動化作業，或人力與機具的作業合適配合，減少中斷因素。

六、最低次數之移動（Least Handling）：事前的工作計畫以減少貨物移動次數，節省時間及機具作業費用。

8.2.2 倉儲作業

港埠倉棧（含堆貨場與貨櫃場）除儲存保管功用外，尚有增進港埠轉運功能。進口貨卸入倉棧後，出口貨可立即裝船，裝滿後立即開船，碼頭可供後續船舶作業增加船席之使用率，貨棧可供海關進查驗貨物或貨主暫時儲放貨物。

　　港埠倉棧之類別可分爲：

一、通棧（Transit Shed）：碼頭後方供貨物快速儲轉場所。

二、倉庫（Warehouse）：供一般或保稅貨物存放之場所。

三、散裝倉庫：供散什貨堆放之場所，有自動化輸送設備。

四、冷藏倉庫：供蔬果魚肉存放具有溫溼氣控制的裝置。

五、油庫（Fuel Depots）：存放石化油氣的特殊防火建築物。

六、危險物品倉庫（Dangerous Goods Warehouse）：存放依國際海事
　　組織所定國際海運危險品準則指定之物質。

七、堆貨場（Storage Yard）：碼頭後線供貨物暫時存放場地。

八、貨櫃場（Container Yard）：位於貨櫃碼頭後方供貨櫃儲放之位
　　置，依進口櫃、出口櫃及轉運櫃分區儲放。

8.2.3 旅客服務

　　臺灣的國際觀光事業發展主要以航空為主，近年因國民所得提高及旅遊方式的多元化發展，海上客運成為新興的旅遊選擇之一。棧埠客運服務之目標，在國家利益為配合國家政策，發展觀光事業，爭取外匯、宣傳國家文化。對旅客方面要做到安全、方便、舒適為主。因此，完善的設備、作業的簡化，以及提供具體的服務項目最為重要。

　　旅運服務項目在滿足旅客之需求與方便，至少應包括如船期預報、查詢服務、交通接送、貨幣兌換、旅遊諮詢、行李保管、郵電收發、餐點供應、特約商店、通訊網路等。

　　旅運設備項目，以完成服務目標及項目為主，必須設置有完善的旅客客運碼頭及建築物。地點選擇應考量客輪繫泊的安全及穩定性，

選擇港內波浪較小之處；交通方面應與鐵公路客運車站相鄰近，方便旅客進入市區觀光活動；碼頭後方應設有客運大廈容納入出境及通關作業、辦公場所、服務臺、行李儲轉、船舶補給、商店服務、停車接送。

Ⅲ 港埠經營 -3

業務管理是港埠經營的首要作業，不論港埠的組織管理型態種類為何，需先爭取船貨作業、設施出租業務以獲取各項營運收入，對持續興建更新港埠設施與促進區域貿易經濟發展具有重要的貢獻。

第九章　業務管理

9.1 港埠設施招商

　　我國商港之經營管理，交通及建設部為經營商港，設國營港務股份有限公司，其設置依「國營港務股份有限公司設置條例」之規定。港務公司由政府獨資經營。

港務公司業務範圍如下：

一、商港區域之規劃、建設及經營管理。

二、商港區域海運運輸關聯服務之經營及提供。

三、自由貿易港區之開發及營運。

四、觀光遊憩之開發及經營。

五、投資、轉投資或經營國內、外相關事業。

六、其他交通及建設部或目的事業主管機關委託及核准之事項。

　　港埠營運涉及國家公營事業預算收入，也與經濟環境及營運效率有關。港埠的收入主要為港灣收入、棧埠收入、營業資產租金入、其他收入等。

業務部門工作項目可分為四大類分工辦理：

一、契約管理：港埠設施租賃、約定興建及經營、租金底價訂定、房

　　屋出租。

二、營運管理：港埠費率、業務計費、預算編列、保證金及欠款處理。

三、企劃：營運行銷規劃、貨櫃碼頭招商、內控及績效評核。

四、自貿運籌：自由港區、促進民間參與交通建設。

　　101 年 3 月 1 日商港管理體制改制後，爲簡化港埠招商作業，新修商港法的第 10 條規定：國際商港區域內各項設施，除防波堤、航道、迴船池、助航設施、公共道路及自由貿易港區之資訊、門哨、管制設施等商港公共基礎設施，由政府委託商港經營事業機構興建維護外，得由商港經營事業機構興建自營，或由公民營事業機構以約定方式投資興建或租賃經營。商港設施得由公民營事業機構以約定方式投資興建或租賃經營者，其甄選事業機構之程序、租金基準、履約管理、驗收、爭議處理之辦法，由主管機關定之。故後依商港法第十條第二項規定訂定「公民營事業機構投資興建或租賃經營商港設施作業辦法」。

公民營事業機構投資興建或租賃經營商港設施作業辦法（中華民國一百零四年一月五日交通部交航字第 10350171692 號令增訂發布第 16-1 條條文）

第 2 條

各項商港設施提供公民營事業機構投資興建或租賃經營，商港經營事業機構得自行規劃辦理或由公民營事業機構提出申請。

經營機構得依商港經營發展需要及案件性質採下列方式辦理前項業務：

一、綜合評選：指經營機構擬訂評選項目、基準與權重等相關事項，透過公開程序甄選公民營事業機構投資經營商港設施之方式。

二、單項評比：指經營機構擬訂單一評比項目及基準，透過公開程序甄選公民營事業機構投資經營商港設施之方式。

三、逕行審查：指符合第七條之情形，經營機構得不經公開程序甄選公民營事業機構投資經營商港設施之方式。

另港口爲與港市建設合作，促進港埠周邊環境改善，另依「國營港務股份有限公司設置條例」第 10 條之規定，港務公司於完納一切稅捐後，分派盈餘時，應先提出百分之十爲法定盈餘公積，並得另提特別盈餘公積及提撥一定比例予航港建設基金，以及按百分之十八予港口所在地之直轄市、縣（市）政府。

臺灣港務股份有限公司盈餘提撥及分配辦法（中華民國一百零二年二月十九日交通部交會字第 10200040372 號令訂定發布全文 8 條；並自發布日施行）

第 3 條

臺灣港務股份有限公司於完納一切稅捐、彌補虧損後之盈餘，應先提列百分之十爲法定盈餘公積後，其餘按下列分配：

一、分配港口所在地之直轄市、縣（市）政府百分之十八。

二、一百零二年度起分配航港建設基金百分之三十。

三、提列特別盈餘公積。

四、分配股息紅利。

9.2 港埠費率

我國港埠費率（Port Tariff）可分為國際商港、國內商港（金門港及馬祖港）及工業轉用港三種。臺灣國際商港港埠業務費費率表訂定是由港務公司依商港法第 12 條規定：「商港經營事業機構、航港局或指定機關與公民營事業機構向不特定之商港設施使用人收取港埠業務費之項目及費率上限，由商港經營事業機構、航港局或指定機關擬訂，報請主管機關核定；變更時，亦同。」

臺灣國際商港港埠業務費種類：

一、港埠業務費：指臺灣國際商港港埠業務費費率表所規定之費用，如碼頭碇泊費（含優先靠泊費）、浮筒費、曳船費（含交通船費）、帶解纜費、給水費、垃圾清理費及其他經政府核定由船方負擔之費用。

二、棧埠業務費：指臺灣國際商港港埠業務費費率表所規定港灣業務費以外之各項費用。

三、貨櫃棧埠業務費：貨櫃裝卸費用、機具使用費、場租費、碼頭通過費及過磅費等。

四、國際及兩岸客船港埠業務費：旅客橋使用、接駁車服務、保安儀器使用、旅客服務等費用。

五、其他費用：工作時段加成、假日及夜間加成之規定。

　　由於近來國際商港棧埠有關海運快遞專區、滾裝船載運貨物多元化等新興業務發展，及與國際港口收費方式接軌（如遊艇碼頭碇泊費計費單位），並考量現行國際商港港埠業務費未充分滿足港埠營運實需，交通部於 104 年 2 月核定修正之「國際商港港埠業務費項目及費率上限標準表」計費項目及費率，港務公司自同年 3 月 1 日起實施。

　　另經濟部於民國 99 年對麥寮港與和平港訂定「工業專用港或工業專用碼頭港埠費用收費辦法」，針對使用人收取：

一、管理費（中央主管機關向使用者依進出口貨物噸數計收）

二、使用費（設施所有權人向使用人依進出口貨物噸數計收）

三、服務費（經營管理者向使用者依其使用之服務性質、船舶總噸位、時間或營運成本計收）。

港埠基本營運設施名詞

1. 港灣（**Harbor**）

指具有天然或人工的屏障，並具有足夠之水域與水深，可供船舶安全碇泊者。

2. 港埠（**Port**）

除具有良好之港灣條件外，還必須備有碼頭、倉棧、修護設備及供

水、供油，以供船舶裝卸貨物及旅客上下之需，是水路交通的樞紐。

3. 商港（Commercial Port）

指通商船舶出入之港。

4. 國際商港（International Commercial Port）

指准許中華民國船舶及外國通商船舶出入之港。

5. 國內商港（Domestic Commercial Port）

指非中華民國船舶，除經中華民國政府特許或爲避難得准其出入外，僅許中華民國船舶出入之港。

6. 自由港（Free Port）

以港的一部分或全部劃爲自由港，凡進出該港的貨物不受海關的管制並准予在港區內將貨物改裝、轉運、儲存或加工製造等，如輸入內陸則需辦理通關手續，課徵關稅。

7. 工業港（Industrial Port）

專爲臨海工業設立之港，輸入多爲工業原料，輸出則爲成品。

8. 漁港（Fishery Port）

指供漁船使用，作爲漁業根據地之港，便利遠洋及近海漁船停泊、補給、卸魚、冷藏及加工等作業。

9. 航道（Channel）

供給船舶出入及通過之一定水路。

10. 船席（Berth）

指碼頭、浮筒或其他繫船設施，供船舶停靠、裝卸貨物及上下旅客之

水域。

11. 碼頭（Wharf）

港埠中供船舶停靠、貨物裝卸及旅客上下所用之處所稱為碼頭。

12. 貨櫃碼頭（Container Terminal）

專供裝卸貨櫃之碼頭。

13. 客運碼頭（Passenger Terminal）

專供客船碇泊之碼頭。

14. 貨櫃存放場 Container Yard（C.Y.）

俗稱貨櫃場，專門存放貨櫃之場地。其性質與貨櫃堆積場不同，貨櫃可作較長時間之存放。惟該場有時須配合貨櫃基地中貨櫃集散站之作業，進行貨櫃之裝拆，故空櫃亦存放該場。

15. 貨櫃堆積場 Marshalling Yard（M.Y.）

貨櫃堆積場俗稱調度場、儲轉場、排列場或調配場，為貨櫃基地營運設施之一，連接貨櫃船席後之場地。貨櫃裝貨完竣等待裝船，或貨櫃卸船等待內陸運輸，均先堆集於貨櫃堆積場，故需廣大之土地面積，但基本原則，貨櫃堆積場的面積，以能容納裝卸 1 艘船次的貨櫃數量，在港埠常占貨櫃基地總面積百分之五十至六十五。

16. 貨櫃集散站 Container Freight Station（C.F.S.）

貨櫃集散站係供海關指定為未稅進出口貨物拆裝櫃作業場地，主要任務是對拼裝貨櫃的貨物，實施裝櫃或拆櫃，及驗關之處理。該站通常位於港埠貨櫃基地中、港埠近郊或內陸交通線幅輳之處。其業務範圍

包括貨櫃之裝填與卸空作業、貨櫃存放場地供應、貨櫃及貨物之裝卸搬運機具出租、貨櫃檢查及保管、冷藏貨櫃供電、代理貨櫃出租、貨櫃機具與拖車之保養修護、貨櫃化貨物連鎖倉庫等。

17. 穀類碼頭（**Grain Wharf**）

專供穀類船停靠之碼頭。

18. 雜貨碼頭（**General Cargo Wharf**）

專供什貨船停靠之碼頭。

19. 公用碼頭（**Public Wharf**）

由港務局投資興建而供一般使用之碼頭。

20. 快速碼頭（**Speedy Wharf**）

由港務管理機關指定部分碼頭為快速裝卸碼頭，規定其必須於限定的時間內裝卸完畢駛離。

21. 優先靠泊碼頭（**Preferential Berthing Wharf**）

由港務管理機關指定部分碼頭為優先靠泊碼頭，使特定之船種或合於特定條件之船舶得享受優先靠泊之權利。

22. 繫船浮筒（**Mooring Buoy**）

指在停泊區內（如錨地或迴船池）以纜繩固定繫於海底之圓形浮體，亦為繫船設施之一。

23. 泊地（**Anchorage**）

一稱錨地或拋錨地，係指船舶在規定水面之碇泊地點。

24. 迴船池（Turning Basin）

設於各種航道交匯點，爲供船舶調頭及轉變航行方向之水域。

25. 港池（Basin）

係港區內的水域，依自然環境形成或由人工圍築或挖掘而成，供船舶航行及停泊之處。

26. 船渠（Wet Dock/Basin）

指有閘門可控制水位之密閉式船塢，可供船舶進出裝、卸貨物，廣義解釋與港池同義。

27. 船塢（Dock）

供船舶新造或修理的場所，塢身之內可容納船舶，並控制使水排出或進入。塢內有水時船舶可以進出，塢內無水時可進行修造工作。

28. 浮船塢（Floating Dock）

塢本身可在水中浮沉移動者謂之浮船塢，是一種兩側有牆，前後端開敞的平底船，塢身斷面如英文字母 U 字形，簡稱浮塢。船舶欲進塢時，浮船塢引進海水至壓載水艙，使船塢本體下沉至足夠船舶進入之深度，待修船舶拖至定位後，再將壓艙水抽除使船舶坐墩浮出水面，以利修理。修妥後再行沉塢，使船舶隨之下水拖離浮塢。

29. 海堤（Sea Dike/Sea Embankment）

指劃分港外與陸地，防止港外潮流、波浪侵入，以保護陸地及陸上設施安全之設施工程。

30. 防波堤（**Breakwater**）

防止港外波浪侵入，以蔽護港內船舶安全之設施工程。

31. 棧埠設施（**Stevedoring & Warehousing Facilities**）

指商港設施中，有關貨物裝卸、倉儲、駁運作業及服務旅客之設施。

32. 倉庫（**Warehouse**）

位於港區碼頭後線或郊區，以長期存放貨物為目的，避免貨物遭受風吹雨淋日曬之有建築物遮蔽場所，多為高層建築。

33. 通棧（**Transit-sheds**）

碼頭前線倉庫，供即將裝船之出口貨或方由船上卸下之進口貨臨時存放之場所，多為空間寬闊之單層建築。

34. 倉棧（**Warehouse & Transit-sheds**）

指位於港區之倉庫與通棧之合稱。

有用的參考資源

方信雄，港埠概論，五南圖書，臺北，2019 年。

王丘明，港埠管理，華泰文化，臺北，2018 年。

國際港口設施保全業務——航港局

https://www.motcmpb.gov.tw/Information/Detail/fc2039dc-abb2-42b2-9c61-41019958f5df?SiteId=1&NodeId=337

American Association of Ports Authorities - AAPA
https://www.aapa-ports.org/

International Association of Port and Harbor - IAPH
http://www.iaphworldports.org/

IMO - SOLAS XI-2 and the ISPS Code
http://www.imo.org/en/OurWork/Security/Guide_to_Maritime_Security/
Pages/SOLAS-XI-2%20ISPS%20Code.aspx

Port Business Development & Marketing
https://apecporttraining.com/course/port-business-development-marketing/

Port Management Models and Port Reform Processes
http://siteresources.worldbank.org/INTSARREGTOPTRANSPO
RT/2055945-1142252984118/20849696/portreform2006veryshorttoolkit_2
6Jan06.pdf

Public Private Partnerships in Ports / Port Reform
https://ppp.worldbank.org/public-private-partnership/sector/transportation/
ports

Port Management Program – Port of Rotterdam
https://www.portofrotterdam.com/en/doing-business/port-of-rotterdam-
international/port-management-program

IV 物流運籌 -1

海運物流是全球定期航運的主要業務，貨櫃運輸革命式發明是推動海運物流重要發展的工具，隨著海運科技的進步，戶對戶的及門運送，貨櫃運輸結合多種運具的複合運送模式，促成國際貿易與物流的便捷化。

第十章　海運物流

10.1 現代物流

　　現代物流與傳統物流的區別[1]，過去物流是在本地區域內尋找價廉的貨物及勞動力進行作業，國際的貿易以成品交換為主，當跨國企業在各區域投資生產，必須在各區域尋找原料、零組件及勞動力的來源，選擇合適地點進行設置球配送中心及物流倉庫，因此必須建立高效率、安全及可靠的物流服務網路，現代物流因此具有國際化的特點。

表 10.1　現代物流與傳統物流的區別

傳統物流	現代物流
只是提供簡單的移動	提供加值服務
被動服務	主動服務
實行人工控制	實施資訊管理
無統一服務標準	實施標準化服務
側重點對點或線對線的服務	構建全球服務網路
單一環節的管理	整體系統的最適化

1　關艷萍，《現代物流管理》第 9-10 頁，人民交通出版社股份有限公司，北京，2018 年。

　　海運在國際貨物交易運送是主流運輸方式，海運物流成爲航運業者轉型及提供除傳統運輸外的加值服務機會。其中第三方物流（Third Party Logistics, 3PL），是指製造事業以生產本業（賣方）爲主，把本身處理的業務，以合約方式委託專業物流公司（第三方），以服務客戶（買方），同時透過資訊系統保持資訊流的聯繫，以達到對物流全程進行管理。

　　現代物流在過程因參與角色多、跨越地理範圍大、交換及查詢資料多，物流資訊（Logistics Information）[2]是指反映物流各種活動內容的知識、資料、圖片、數據及文件的總稱，一般隨著生產到消費的物流活動而產生的資訊流，與物流過程中的運輸、倉儲、裝卸、簡易加工等作業結合而成。近年隨著資訊通訊科技的發展，物聯網（Internet of Things, IOT）及航運大數據（Big Data）等成爲物流應用新趨勢。

表 10.2　　物流資訊技術與應用基本知識

技術	應用項目
物流資訊	物流資訊基礎知識 物流資訊化與標準化
自動識別	條碼技術（Bar Code） 無線射頻識別技術（Radio Frequency, RF）
數據交換	電子資料交換（Electronic Data Interchange, EDI） 電子商務技術（Electronic Commerce, EC）

2　謝金龍，《物流信息技術與應用》第 5-7 頁，北京大學出版社，北京，2019 年。

技術	應用項目
動態追蹤	地理資訊技術（Geographic Information） 全球定位系統技術（Global Positioning System, GPS）
物流管理 資訊系統	物流管理資訊系統基礎知識 物流管理資訊系統開發方法 物流管理資訊系統開發過程

現代國際物流以海運物流為主，透過貨櫃進行貨物的集併貨方式結合複合運輸運具運送至世界各地，配合新興的航運貿易方式，我國政府對此也訂定法規，以因應貨物（櫃）在航運及港埠的作業，供貨櫃集散站、進出口貨棧、保稅倉庫、物流中心、報關業遵循。

境外航運中心設置作業辦法（中華民國九十三年十二月十五日交通部交航發字第 093B000115 號令修正發布第 2、5～8 條條文）

第 2 條

本辦法所稱境外航運中心，係指經指定得從事大陸地區輸往第三地或第三地輸往大陸地區貨物之運送或轉運及相關之加工、重整及倉儲作業之臺灣地區國際商港及其相關範圍。

前項境外航運中心之貨物，得以保稅方式運送至自由貿易港區、加工出口區、科學工業園區、保稅工廠、自用保稅倉庫、經海關核准從事重整業務之保稅倉庫及物流中心進行相關作業後全數出口。

第一項運送或轉運及前項相關作業後之貨物，得經由海運轉海運、海運轉空運或空運轉海運轉運出口，與大陸地區之運輸以海運為限。

貨棧貨櫃集散站保稅倉庫物流中心及海關指定業者實施自主管理辦法（中華民國一百零七年十一月六日財政部台財關字第 1071024587 號令修正發布第 3、6、12 條條文；增訂第 3-1 條條文；刪除第 5-1 條條文）

第 2 條

已向海關辦理登記之進出口貨棧、貨櫃集散站、保稅倉庫、物流中心及經海關指定之業者，具備第五條規定之條件，得向海關申請或由海關依職權核准實施自主管理。

前項經海關指定之業者，由關務署公告並刊登行政院公報。

在國際貿易上，以遠洋運輸為主，衍生的國際物流跨越大洋與洲際大陸，可能運用不同的運輸方式結合，需適用不同地區的關務及貨物運送、保險規定。

國際物流（International Logistics）就是不同國家地區之間的物流活動，物流業跨越國界進行全球範圍的運作，一般國際物流是指與國際貿易相關的物流活動，如貨物（原物料）的集疏運、配送、包裝、運輸、裝卸、加工、報關、保險及船運文件製作等，這些透過船舶運送業、船運貨物承攬業、貨櫃集散站經營業、物流中心、自由貿易港區、報關業等來完成。

新興重要策略性產業屬於國際物流事業部分獎勵辦法（中華民國一百年三月十一日行政院院臺經字第1000008165號令發布廢止）

第 2 條

本辦法所稱國際物流事業，指以提供國際物流服務為主要業務，且其投資計畫經經濟部專案核准從事下列全球運籌服務之一之公司：

一、加值併貨與物流配銷服務：接受國內外廠商委託，從事國內外原物料、半成品或成品集結倉儲、庫存管理、轉運及配送業務，進行重整、測試、檢驗、簡易加工、提供複委託加工或其他相關服務後再出口。

二、售後維修服務：接受國內外廠商委託，從事國內外廠商維修零組件之庫存管理及客戶退修品之物流、通關業務，進行測試、檢驗、維修、複委託維修、測試、檢驗或其他相關服務後再出口。

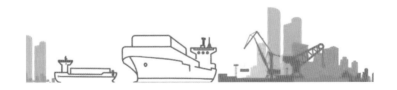

10.2 貨櫃運輸

海運貨櫃（Shipping Container）是全球定期航運的的主要貨物運送載具，具有標準化、防止貨損、可在不同運輸工具轉換運送特點，

一般尺寸為 20 及 40 呎長，也有其他特殊尺寸與應付特種貨物的車架。貨櫃依海關規定，指供裝運進出口貨物或轉運、轉口貨物特備之容器，其構造與規格及應有之標誌與號碼，悉依國際貨櫃報關公約之規定。

貨櫃運輸是國際貨運中一種新型的現代化運輸方式。它是將一定數量的單件貨物裝入特製的標準規格的貨櫃內，以貨櫃作為運送單位所進行的運輸。

採用這種運輸方式運輸貨物具有以下幾個方面的特點：

一、貨物在運往碼頭之前，即在發貨人工廠、倉庫或「貨櫃集散站」
　　（Container Freight Station, CFS）裝進標準規格的貨櫃內。

二、貨物在運輸過程中的一切裝卸搬運，全部利用專設的起重機械進
　　行，使裝卸效率大大提高。

三、貨物的交接地點，可以按例行港口交接，也可以延伸到雙方的內陸城市，採用「戶對戶」（Door to Door）的交接法，由發貨人和收貨人各自在工廠倉庫的「門口」交貨和接貨。由於「戶對戶」的交接辦法在國際貨櫃運輸中應用很普遍，所以貨櫃運輸多屬陸、海、空的多式複合運送。

　　貨物的報關業務，由報關業代理貨主申報通過向運輸業通知裝卸船作業。報關業指經營受託辦理進、出口貨物報關納稅等業務之營利事業（報關業設置管理辦法第 2 條）。出口貨物之報關手續，得委託報關業者辦理；其向海關遞送之報單，應經專責報關人員審核簽證。運輸業者應於收到海關放行通知（訊息）或經海關蓋印放行之裝貨單或託運單後，始得辦理出口貨物裝船（機）手續。前項出口貨物應於海關放行之翌日起三十日內裝船（機）出口；逾期者，由貨物輸出人

辦理退關手續。（出口貨物報關驗放辦法第 5 及 20 條）。

　　進口貨物已向海關申報進口貨物艙單，納稅義務人得檢齊報關應備之各項單證，向海關預行報關。出口貨物經完成訂艙手續後，貨物輸出人得檢齊報關應備之各項單證，向海關預行報關。（進出口貨物預行報關處理準則第 2 條）。

　　海運承攬運送業（船舶運送業可兼營）亦是貨櫃運輸中重要的一環，協助貨主向船公司訂艙，其經營之集運費率及向託運人或受貨人所收之手續費、服務費報請航政機關備查，變更時亦同。（海運承攬運送業管理規則第 16 條）

一般海運承攬運送業所提供的服務[3]有：

一、裝船前的諮詢服務：船期、貨運成本和國外法令。

二、工廠至輸出港的服務：含內陸運輸、倉儲等。

三、裝船期間服務：裝櫃、報關、保險、製發提單。

四、卸貨港的服務：拆櫃、報關、存倉、交貨至指定地。

五、其他服務：及貨主要求的其他服務如貨櫃之供應、倉儲運輸之保險、代為墊付各項費用、特殊貨物運輸、貨物包裝服務、貨物搬運、博覽會或會展服務、整廠輸出、各項貨物通知。

3　曾俊鵬、廖玲珠，《海運承攬業運送理論與實務》第 13-14 頁，華泰文化，臺北，2010 年。

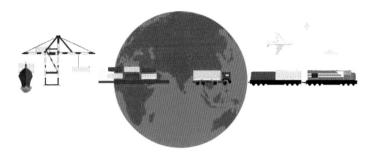

IV 物流運籌 -2

港埠物流是貨物在港口進行貨物搬運的加值作業，今日港埠物流透過運輸工具與科技的改變，在貨物的位移外也增加貨物價值的管理方式著手，使傳統港埠的裝卸及倉儲作業，配合船方及貨主需求，增加國際物流的第三方加值作業。

第十一章 港埠物流

11.1 物流中心與倉庫貨棧

　　我國具有優良港埠設施，且與鄰近國家及地區交通聯繫順暢，對於發展國際物流服務網絡具有地理位置優勢。此外，臺灣與中國大陸在同文同語言條件下，對於全球集中於亞洲物流服務市場需求之趨勢，可透過臺灣物流業者進行全球運籌的布局，有效結合亞洲與歐美市場的物流服務。

　　臺灣如能充分運用兩岸相同語文、市場整合力及靈活的供應彈性，與國內外同業進行合作聯盟、改善相關運輸基礎設施、擴大服務據點與規模、培訓物流人才及提升資訊化程度與國際接軌，並朝向全球化的運籌模式提供整合性服務；將可增加國際企業在臺營運利基、整合臺商海外資源，並促使國際物流協同金流、資訊流，創造臺灣經貿運籌全球的機會。

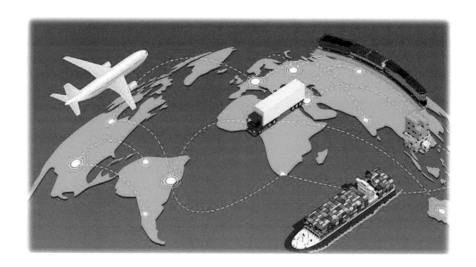

　　以「連結、合作、發展」為核心精神，配合經貿發展政策，行政院曾在「99～102 年國際物流服務業發展行動計畫」規劃之策略涵蓋下列四大面向，期望藉由本計畫推動，以促使臺灣物流能力脫胎換骨，成為亞太供應鏈重要一環。[1]

　　海港的物流在政策的支持下，除傳統的貨棧及保稅倉庫，在自由貿易港區與海運快遞也逐步的往便捷化發展，除了關務作業的簡化，也運用關港貿資訊流來相連接。

---

[1] 「國際物流服務業發展行動計畫」，行政院國家發展委員會。
　　https://www.ndc.gov.tw/cp.aspx?n=95E75F36B14CB0CD

表 11.1　國際物流服務業發展行動計畫

策略	相關措施
1. 提升通關效率	• 貿易便捷 • 貿易安全
2. 完善基礎建設	• 空港建設 • 海港建設 • 推動自由港區
3. 強化物流服務	• 物流網路發展與整合 • 促進產業升級與創新
4. 促進跨境發展與合作	• 兩岸物流合作與布局 • 跨境貿易文件轉換 • 拓展兩岸航線網絡 • 海運快遞專區

　　港區物流活動其目標在藉由貨物流動控管的簡化措施，促進船貨運用港埠設施，增進就業及貨物加值的機會。

物流中心貨物通關辦法（中華民國一百零六年五月十九日財政部台財關字第 1061010391 號令修正發布第 4、24～27 條條文）

第 3 條

本辦法所稱物流中心，指經海關核准登記以主要經營保稅貨物倉儲、轉運及配送業務之保稅場所。

物流中心得經海關核准，於不同地址另設分支物流中心。各分支物流中心除資本額外，應依本辦法有關規定辦理登記、管理及通關，並分別獨立設帳控管貨物之進出。

物流中心內得進行因物流必需之重整及簡單加工。

保稅倉庫設立及管理辦法（中華民國一百零六年五月二十六日財政部台財關字第 1061010989 號令修正發布第 55～59 條條文）

第 2 條

經海關核准登記供存儲保稅貨物之倉庫為保稅倉庫（Bonded Warehouse），其設立及管理，依本辦法規定辦理。本辦法未規定者，適用其他相關法令之規定。

申請登記為完全存儲自行進口保稅貨物、自行向國內採購保稅貨物、供重整用貨物、供免稅商店或離島免稅購物商店銷售用貨物之保稅倉庫，為自用保稅倉庫，不得存儲非自己所有之貨物。

第 3 條

保稅倉庫得存儲下列貨物：

一、一般貨物。

二、供經營國際貿易之運輸工具專用之物料及客艙用品。

三、供經營國際貿易之運輸工具專用之燃料。

四、修造船艇或飛機用器材。

五、礦物油。

六、危險品。

七、供檢驗、測試、整理、分類、分割、裝配或重裝之貨物（以下簡稱重整貨物）。

八、修護貨櫃或貨盤用材料。

九、展覽物品。

十、供免稅商店或離島免稅購物商店銷售用之貨物。

十一、其他經海關核准存儲之物品。

　　保稅貨物指未經海關放行之進口貨物，業經海關驗封之出口貨物與轉口貨物及其他應受海關監管之貨物。保稅運貨工具裝貨完畢，經海關監視裝貨加封後，應立即直接駛往海關指定地點，其係保稅貨箱者，得由所有人以飛機、船舶、汽車或火車自行運至目的地海關，中途不得無故逗留或繞道他處。前項保稅運貨工具加封電子封條者，保稅運貨工具所有人應配合辦理電子封條配櫃、加封及讀取核對等相關作業（海關管理保稅運貨工具辦法第 3 條及 15 條）。

海關管理進出口貨棧辦法（中華民國一百零七年十二月二十七日財政部台財關字第 1071028625 號令修正發布第 13-2 條條文）

第 2 條

本辦法所稱之貨棧，係指經海關核准登記專供存儲未完成海關放行手續之進口、出口或轉運、轉口貨物之場所。

第 4 條

依本辦法設置之貨棧，除因特殊情形，經海關核准者外，應分兩種：

一、進口貨棧：限存儲未完成海關放行手續之進口貨物或轉運、轉口貨物。

二、出口貨棧：限存儲未完成海關放行手續之出口貨物。航空貨物集散站內設置之進出口貨棧，依本辦法規定辦理。

11.2 自由貿易港區

1975 年，聯合國貿發大會對自由經濟區（Free Economic Zone, FEZ）下了這樣的定義：「自由經濟區指本國海關關境中，一般設在口岸或國際機場附近的一片地域，進入該地域的外國生產資料、原材料可以不辦理任何海關手續，進口產品可以在該地區內進行加工後復出口，海關對此不加以任何干預。」近年來爲了發展國家經濟，擴大對外貿易，各國皆致力於設置自由經濟區，形式包括自由港、自由貿易區、保稅區、加工出口區，自由邊境區等 [2]。

自民國 82 年「自由貿易港區設置管理條例」實施以來，臺灣自由貿易港區目前已擴大發展爲六海一空，包含臺北港、基隆港、臺中港、安平港、高雄港、蘇澳港及桃園航空自由貿易港區。

自由貿易港區是指在經行政院核定的國際港口、航空站等，設定一個管制區域，在這個區域範圍內從事貿易、倉儲、物流、貨櫃（物）之集散、轉口、轉運、承攬運送、報關服務、組裝、重整、包裝、修理、裝配、加工、製造、檢驗、測試、展覽或技術服務之事業，透過簡化通關流程及減免稅賦，可在低成本、高效率的作業環境中營運；換而言之，就是便捷人員、貨物、金融及技術的流通，將跨

---

2 五分鐘了解臺灣海港自由貿易港區及自由經濟示範區
   https://info.taiwantrade.com/

國貨物流動限制減到最低，為了實行這個概念，自由貿易港區規劃了「境內關外」的觀念，自貿區視同本國關稅區外另行規定處理方式，降低企業跨國營運中物流、商流與人流之各種障礙，提升國家競爭力並促進經濟發展。

所謂「境內」指的是在法律上，仍將自由貿易港區視為國境之內，原則上臺灣的法律都必須適用；「關外」指的是人、貨進出這個區域，並不需要通過海關，也沒有關稅的問題，是關稅領域以外的經貿特區，可以不受輸出入作業規定、稽徵特別規定等的限制，但是一旦離開這個區域進入國內就需要通關、繳納關稅。臺灣海港自由貿易港區就是以「境內關外」觀念，結合海空港功能與供應鏈管理需求，強化企業競爭優勢。

自由貿易港區事業營運管理辦法（中華民國一百零七年十一月六日交通部交航字第 10750145761 號令修正發布全文 20 條；並自發布日施行）

第 2 條

申請經營自由港區事業應為符合本條例第三條第二款規定之從事貿易、倉儲、物流、貨櫃（物）集散、轉口、轉運、承攬運送、報關服務、組裝、重整、包裝、修理、裝配、加工、製造、檢驗、測試、展覽或技術服務之事業。

申請加入自由港區成為自由港區事業，從事本條例第三條第二款所訂

業務者，其得爲公司或外國公司在中華民國境內之分公司。實際進駐
自由港區內從事相關業務之公司或營運組織，其得爲公司、分公司、
辦事處或營運單位。

第 7 條

自由港區事業應設置二名以上專責人員處理自主管理事項相關業務，
專責人員異動時應通知管理機關及所在地海關。

前項專責人員須經自由港區管理機關舉辦自主管理專責人員講習合
格，並取得結業證書。

自由貿易港區貨物通關管理辦法（中華民國一百零五年十一月九日財政部台財關字第 1051023430 號令修正發布全文 29 條；並自發布日施行）

第 2 條

本辦法所稱港區貨棧，指自由貿易港區（以下簡稱自由港區）管理機關設立或經其核准設立，具有與港區門哨單位電腦連線之設備，及可供自由港區事業貨物存儲、進出區貨物查驗、拆裝盤（櫃）之場所。

第 3 條

自由港區事業應設置電腦及相關連線設備，以電腦連線或電子資料傳輸方式處理貨物通關、帳務處理及貨物控管等有關作業。

IV 物流運籌 -3

供應鏈管理是跨國企業進行國際物流作業的重要管理模式，為接近銷售市場並蒐集市場情報，及時動態的反應市場需求，能將貨物在適時與合理的費用下，運用第三方協力夥伴的合作，將貨物安全送到客戶手中，海運業者除了傳統貨運作業外，在其運輸服務上更增添加值方式。

第十二章 供應鏈管理

供應鏈管理（Supply Chain Management, SCM）：就是指在滿足一定的客戶服務水準的條件下，爲了使整個供應鏈系統成本達到最小，而把供應商、製造商、倉庫、配送中心和批發商等，有效地組織在一起進行產品製造、轉運、配送及銷售的管理方法。供應鏈管理包括規劃、採購、製造、配送、銷貨退回（或稱逆向物流）五大基本內容。

港口爲貨主提供供應鏈管理服務，開展第三方的物流服務，最基本的目的是將所服務的供應鏈盡可能延伸到採購、生產、銷售到消費者的兩端，同時爲客戶供應鏈有效管理，以減少貨物運輸環節費用，來增加總體附加價值，針對不同客戶提供各具特色的供應鏈服務是港口開展物流服務的最終目標[1]。

1　張旂、尹傳忠，《港口物流》第 245 頁，上海交通大學出版社，上海，2012 年。

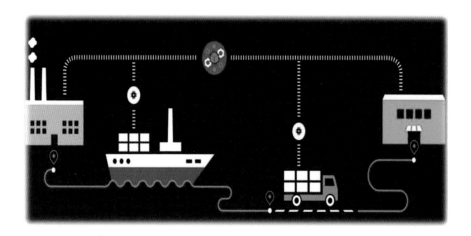

12.1 採購及銷售物流

採購物流（Purchasing Logistics）是企業在生產過程中，爲了滿足生產、基礎建設對原物料、設備、備品的需求，所產生定期或不定期地發生的採購行爲，即商品從賣方轉移到買方場所而進行的所有活動。對供應商進行選擇和評估之後，應該對他們分別建立檔案，便於對供應商分類管理。對企業的採購物流，必須進行系統化、有效的控制，以實現企業在生產經營時的利潤最大化的目標。

　　銷售物流（Sales Logistic）是指生產企業、流通企業出售商品時，物品在供應方與需求方之間的實體流動。銷售物流的起點，一般情況下是生產企業的產成品倉庫，經過配送物流，完成長距離、主要的物流活動，再經過配送完成市區和區域範圍的物流活動，到達企業、商業用戶或最終消費者。銷售物流是一個逐漸擴散的物流過程，這和供應鏈物流形成了一定程度的對稱，透過這種擴散的物流，使資源得以廣泛地配置。

　　港埠物流中心（Logistics Center）依關稅法第 60 條規定，物流中心係指經海關核准登記以主要經營保稅貨物倉儲、轉運及配送業務之保稅場所。進儲物流中心貨物，得進行因物流必需之重整及簡單加工。物流中心應設在國際港口、國際機場、加工出口區、科學工業園

區、農業科技園區內及鄰近國際港口、國際機場地區或經海關專案核准之地點。定期船舶航運業爲提供貨主加值服務，提供貨物簡易處理，在港區設有物流中心，包括一般倉儲、冷藏設施、集貨場、作業機具、貨棧等。

　　供應鏈強調的運輸過程的資訊流，海運業者本身或第三方物流業所提供的海運貨況追蹤（Cargo Tracking）[2] 功能，大致可分爲訂艙（Booking）、裝運（Loading）、在途（On the Way）、到港（Arrived）四個階段。這涉及每個工作階段運送任務完成並進行資料登錄，資訊系統的跨域通訊網路、資通保全、查詢反應速度等，也反應在客戶服務的滿意度。

2　全球貨況追蹤平臺

　　https://tracking.standard-info.com/

12.2 生產物流

生產物流（Production Logistics）一般是指：原物料、燃料、外購的零組件投入生產後，經過領料、發料，運送到各加工點和儲存點，以在製品的形態，從一個生產單位（倉庫）運送至另一個生產單位，按照規定的技術過程進行加工、儲存，借助一定的運輸裝置，在某個預定地點儲轉，又從某個點內流出，最後完成物料實體的運送過程。

海運物流在供應鏈管理的角色，提供生產者進出口原料、半成品、零組件與最終生產貨品等，其中涉及什雜貨的整裝實櫃，與併貨的合裝櫃，還有液體貨的罐裝貨櫃。這些貨物的報關、裝卸、倉儲作業由港口的碼頭及貨櫃集散站、物流中心等進行貨物的運送流程管理。由於海運涉及跨國之通關申報、貨物運輸不同運送人聯繫、特殊貨物（如危險物品等），依賴海運業的第三方物流業服務功能。

　　特殊的罐式貨櫃（Tank Container）[3]：是指專門運送液體貨或石化製品的種貨櫃，主要分為槽體與櫃架。依其裝載之危險物品分類等級及儲放條件，在船舶及陸上需專區儲放管理。

　　全球化的生產要素組合在客觀上的空間跨越，使供應商不能只是根據訂單生產或運輸途程配送，只能依「靠近客戶原則」，在市場當地國設存貨倉進行配送，配送點則愈靠近終端客戶，對市場反應愈是及時。

3　International Tank Container Organization (ITCO)
　　https://www.international-tank-container.org/

有用的參考資源

中華民國物流協會

http://www.talm.org.tw/

中國物流與採購聯合會

http://www.chinawuliu.com.cn/

中國港口集裝箱網

http://portcontainer.cn/index.do

台灣國際物流暨供應鏈協會

http://www.tilagls.org.tw/

杰鑫國際物流

http://www.jshine.com.tw/

社團法人台灣全球運籌發展協會

http://www.glct.org.tw/

香港物流協會

https://www.hkla.org.hk/

AMERICAN LOGISTICS ASSOCIATION

https://www.ala-national.org/

APL LOGISTICS

https://www.apllogistics.com/

ASSOCIATION FOR SUPPLY CHAIN MANAGEMENT

https://www.ascm.org/

EVERGREEN LOGISTICS CORP.

https://www.evergreen-logistics.com/STATIC/en/jsp/

KOREAN PORT LOGISTICS ASSOCIATION

http://www.kopla.or.kr/english/english_main.asp

OOCL LOGISTICS

https://www.oocllogistics.com/eng/Pages/default.aspx

MAERSK LOGISTICS

https://www.maersk.com/

SINGAPORE LOGISTICS ASSOCIATION

https://www.sla.org.sg/

YES LOGISTICS CORP.

https://www.yeslogistics.com/

YUSEN LOGISTICS

https://www.yusen-logistics.com/

V 航港政策 -1

航運政策（Maritime Policy）是一海洋國家長期交通運輸發展之基礎，可分爲海運與港埠政策，對航業、船舶、船員、海事安全及港埠建設發展等，進行長期發展與扶持等措施，以建立及維持國籍船隊的營運發展環境，並因應國際海事上對航運的各項國際合作與法規協議事項。

第十三章 航運政策

　　廣義的航運政策（Maritime Policy）包括海運及港埠政策，有航務行政、港務管理、港埠工程及航路標識等，為保護航權、強化國防、保障航安、保障國籍行業、維持公眾交通，政策都有發展、扶助的意涵。

13.1 航運政策方向

　　目前臺灣地區之海運政策（Shipping Policy）係以交通部「運輸政策白皮書」為指導綱領，並配合「臺灣地區整體港埠發展規劃」之內容及政治、經濟、國土使用等政策作適度的修正。依交通部網站公布如下：

健全航港管理制度，有效提升國際海運市場競爭力

一、配合大陸政策開放推動兩岸直航

　　依「臺灣地區與大陸地區人民關係條例」及整體大陸政策開放進程，配合兩岸兩會於 97 年 11 月 4 日完成「海峽兩岸海運協議」簽署，雙方海運直航於 97 年 12 月 15 日實施首航。

二、推動海運自由化與國際化政策

　　積極參加「國際港埠協會（IAPH）」、「FIATA 全球年會」等國際組織及 APEC 運輸工作小組，並參與 WTO、跨太平洋夥伴全面進步協定（CPTPP）海運服務協商及談判等相關活動，以提升海運事務國際合作效能，持續推動與主要海運國家洽簽海運所得稅及加值型營業稅（VAT）互免事宜。近年並解除海運服務業相關限制，允許外國籍船舶運送業可在臺灣設立分公司，並設立全外資之船務代理業及海運承攬運送業，及取消不得聘用外籍人士相關規定等。

三、檢討修訂航政法規

　　為使我國海運相關法令符合國際規範之自由化、便捷化、複合運輸與及門服務等趨勢，持續檢討修正「航路標識條例」及「航業法」相關子法、「船舶法」、「船員法」及「海商法」，並制訂「海上交通安全法」，以加速我國商港發展與轉型，並使我國船舶之檢查發證、船員權益等符合國際公約之規定，提供業者更優質之經營環境，促進我國整體經濟發展。

四、船舶管理

　　交通部自民國 93 年 7 月 1 日起與國際同步實施新制海事保全體制，並指定中國驗船中心為本國船舶之認可保全機構。另亦成立載客船舶航行安全聯合督檢小組，不定期赴國內各水域抽查載客船舶，以保障乘客安全。

五、船員培訓

　　為加強各級船員專業訓練，提升船員素質，依據 1978 年航海人員訓練、發證及當值標準國際公約及其修正案規定之師資、課程、教材及設備要求標準，建立我國船員訓練品質；並自 93 年起辦理船員岸上晉升訓練，使我國船員適任能力持續符合公約規定，提升國際海運市場競爭力。

六、海上安全救助

　　我國係國際衛星輔助搜救組織之成員，為配合國際海上遇險及安全系統之實施，航港局於 103 年 6 月 13 日接管臺北任務管制中心（TAMCC）。另配合國際衛星搜救組織（COSPAS-SARSAT）將低軌衛星汰換為中軌衛星之計畫，108 年完成先進之中軌道搜救衛星地面接收系統之建置，可提升海上避險訊號之接收效能，提升海難之搜救效率。

未來發展重點

(一) 建立海運產業良好經營環境

　　將以「以客為尊」的服務理念，提供更便民、創新的服務，並與時俱進優化各項航港行政業務，及檢視航運相關法規，與國際接軌。

(二) 強化海運實力與對外競爭力

　　持續學習國外標竿港口之發展經驗，積極推動重大港埠建設計

畫，開創臺灣港埠多角化發展，以營造良好港埠經營環境及維持港埠產業永續發展，並因應郵輪旅遊盛行，發展國內港埠成為郵輪靠泊港，提升我國海運地位。

(三) 積極推動國家海運發展政策

以前瞻、專業之思維，研擬海運發展政策，並透過大小兩會爭取兩岸航運空間，擴大直航效益，並積極推動航運新南向，透過與新南向國家海事行政人員交流，加速區域經濟整合，亦積極參與國際組織並擴大深度及廣度，使與國際接軌。

13.2 海運發展方向

交通部航港局於民國 101 年 3 月 1 日與港務公司同時成立，設置企劃組、航務組、船舶組、港務組、船員組、秘書室、人事室、政風室、主計室、資訊室及北部航務中心、中部航務中心、南部航務中心、東部航務中心 4 個派出單位。102 年 1 月 1 日財政部關務署海務處人員隨同業務移撥，增設航安組。依交通部航港局網站公布如下：

交通部航港局施政願景、目標、主軸及服務理念

一、施政願景：良好海運經營環境服務者

二、施政目標：

(一) 建立海運產業良好經營環境

本局將以「以客為尊」的服務理念，提供更便民、創新的服

務，並與時俱進優化各項航港行政業務，檢視海運相關法規，與國際接軌。

(二) 強化海運實力與對外競爭力

持續學習國外標竿港口之發展經驗，開創臺灣港埠多角化發展，並因應郵輪旅遊盛行，發展國內港埠成為國際郵輪靠泊港，提升我國海運地位。

(三) 積極推動國家海運發展政策

以前瞻、專業之思維，研擬海運發展政策，並透過大小兩會爭取兩岸航運空間，擴大直航效益，也將積極參與國際組織，加速區域經濟整合。

(四) 維護航運秩序與安全

為因應國際海事組織採納國際船舶與港口設施保全章程，持續辦理港口保全措施之演練及演習，並加強執行港口國管制檢查，以符合國際公約規範。

(五) 培育海運相關產業人才

辦理各項在職訓練，厚植海運專業知識，並培育自貿港區、交通運輸、財產管理及海運產業等相關人才。

三、施政主軸：

(一) 積極參與國際組織，加強國際合作

海運為高度國際化的競爭環境，必須隨時關注國際變化與趨勢，以避免被邊緣化，並積極參與 APEC、WTO、FIATA

等國際事務，提升整體競爭力。

(二) 推動海運法規研修，期與國際接軌

為因應業界需要並與國際接軌，本局推動航業法、商港法、海商法、航路標識條例、船舶法及船員法等相關法規修正，以及自由貿易港區法規鬆綁作業。

(三) 接管小船監理檢丈，統一標準流程

本局自 103 年 7 月接管各縣市政府小船監理檢丈業務，在既有的基礎下，簡化與統一標準流程，以提升為民服務品質。

(四) 加強船舶安全管理，通行各國港口

關注國際公約的發展趨勢，使我國船舶檢查、稽核能與國際接軌，並獲得國際的認可，也讓我國船舶自由通行世界各國的港口。

(五) 強化商港基礎建設，滿足業者需求

為配合國際航運船舶及船隊大型化趨勢，並滿足港區航商業者需求，強化我國商港基礎建設，讓港口建設帶動城市經濟發展。

(六) 培訓船員專業能力，登上各國船舶

建立各項船員技能測驗與考照制度，並強化船員專業訓練，使得學校教育與社會教育得以銜接，且船員證書與國際接軌，使我國船員可以登上各國船舶。

(七) 厚實海事安全體系，維護航行秩序

以整體航運安全之觀點，強化海難救助及助航設施之設置與維護管理，並建立海事安全體系，維護航行安全。

四、服務理念：

(一) 創新海運服務

「海洋因納百川，故能成其大」，以服務自家人的理念，用心傾聽民眾聲音，加強船舶安全檢查，關懷廠商營運狀況，以服務替代管理，創新加值服務。

(二) 快速航政監理

透過航港單一窗口服務平臺（MTNet）的功能精進及推廣，整合機關資訊資源，簡化航政監理程序，提升行政效能及強化便民效益之水準，以快速回應航商需求。

(三) 確實海技安全

配合政府達成全國船舶檢查、丈量、註冊及給照等監理業務一元化目標，確保海上航行安全。

(四) 精簡港政作業

藉由「自由貿易港區」大幅鬆綁人流、物流、金流等相關限制，發展具前瞻性之高端產業活動、吸引國內外投資，推動我國經濟成長。

交通部已將「藍色公路」列為重大海運政策，除規劃推動藍色公路客運業務外，並責成港務公司，深入評估藍色公路環島貨櫃轉運貨

運量成長目標，以提高獎勵與優惠措施以增加誘因，並透過巡迴輔導方式，協助解決勞基法適用問題。

交通部航港局也將透過智慧航安計畫推動及 MTNet2.0 升級與「船員智慧服務平臺」建置，提升臺灣周邊海域航行安全及提供便捷航政服務，持續營造更優質的航運業經營環境。

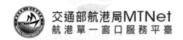

13.3 兩岸海上直航

臺灣海峽兩岸地區自民國 38 年後即航運中斷，後因政府開放民眾赴大陸地區探親觀光，民間企業藉第三地進行至中國大陸的轉口貿易投資，基於衍生兩岸航運直航以減少轉機轉船的時間及費用之議題。由於兩岸海運直航涉及國際政經環境、國安與經濟的考量，此外兩岸對直航航線的定位、船舶運能管制、開放港口、申請營運資格等有不同定義，因此兩岸海上直航政策在法規上可以探索其原意。

陸委會對兩岸海運直航開放的評估因素[1]：

---

1 兩岸「直航」之影響評估，大陸委員會，2004 年。
https://www.mac.gov.tw/cp.aspx?n=BB0FE4A2391D3D42&s=5AF9F50F2F4B0870

一、臺灣位居地理戰略位置，又擁有條件極佳之天然深水港，在亞洲
海運上具有優勢的競爭條件及重要影響力，惟我國面臨經濟轉
型，工業產品製造廠商逐漸外移，港口營運及海運業者必須開
發更多轉口貨運，才能提升競爭力。而當前亞洲貨源三分之一
來自中國大陸，因此，「直航」對確保海運地位有一定的助益。

二、國際港口競爭力的維繫與提升，須吸引國際航商及外國船舶（尤
其幹線母船）選擇我國港口營運及停靠，這又取決於港口操作成
本、貨源數量及營運限制多寡。就亞太地區商港比較，我國各
港口效率高，成本低，又有一定的貨源，若能解除「直航」的限
制，當可強化國際航商留駐我港口之意願，亦可因應 2005 年上
海大、小洋山港建成後對我航運地位的可能影響。

三、海運「直航」可改善國籍船舶改懸外旗及我國輪船隊持續縮減的
現象，並有利國籍船員的長期培訓。

四、中共對兩岸海運的定位及嚴格控管，使「直航」利益的體現受到
很大限制，也是推動「直航」必須面對處理的問題。

臺灣地區與大陸地區人民關係條例（中華民國一百零八年七月
二十四日總統華總一義字第 10800074601 號令修正公布第 9、91 條
條文；並增訂第 9-3 條條文；施行日期，由行政院定之）

第 28 條

中華民國船舶、航空器及其他運輸工具，經主管機關許可，得航行至

大陸地區。其許可及管理辦法，於本條例修正通過後十八個月內，由交通部會同有關機關擬訂，報請行政院核定之；於必要時，經向立法院報告備查後，得延長之。

第 30 條

外國船舶、民用航空器及其他運輸工具，不得直接航行於臺灣地區與大陸地區港口、機場間；亦不得利用外國船舶、民用航空器及其他運輸工具，經營經第三地區航行於包括臺灣地區與大陸地區港口、機場間之定期航線業務。

前項船舶、民用航空器及其他運輸工具為大陸地區人民、法人、團體或其他機構所租用、投資或經營者，交通部得限制或禁止其進入臺灣地區港口、機場。

第一項之禁止規定，交通部於必要時得報經行政院核定為全部或一部之解除。其解除後之管理、運輸作業及其他應遵行事項，準用現行航政法規辦理，並得視需要由交通部會商有關機關訂定管理辦法。

境外航運中心設置作業辦法（中華民國九十三年十二月十五日交通部交航發字第 093B000115 號令修正發布第 2、5～8 條條文）

第 2 條

本辦法所稱境外航運中心，係指經指定得從事大陸地區輸往第三地或第三地輸往大陸地區貨物之運送或轉運及相關之加工、重整及倉儲作業之臺灣地區國際商港及其相關範圍。

前項境外航運中心之貨物,得以保稅方式運送至自由貿易港區、加工出口區、科學工業園區、保稅工廠、自用保稅倉庫、經海關核准從事重整業務之保稅倉庫及物流中心進行相關作業後全數出口。

第一項運送或轉運及前項相關作業後之貨物,得經由海運轉海運、海運轉空運或空運轉海運轉運出口,與大陸地區之運輸以海運為限。

第 3 條

境外航運中心由交通部會商有關機關在臺灣地區國際商港相關範圍內指定適當地點設置之。

第 4 條

境外航運中心與大陸地區港口間之航線為特別航線。

第 5 條

直接航行於經指定之境外航運中心與大陸地區港口間、境外航運中心間之船舶,以下列外國船舶為限:

一、外國船舶運送業所營運之外國船舶。

二、中華民國船舶運送業所營運之外國船舶。

三、大陸船舶運送業所營運之外國船舶。

第 6 條

外國船舶運送或轉運大陸地區輸往第三地或第三地輸往大陸地區之貨物,經當地航政機關核准者,得直接航行於經指定之境外航運中心與大陸地區港口間、境外航運中心間。

臺灣地區與大陸地區海運直航許可管理辦法（中華民國一百零四年七月三十一日交通部交航字第 10400231621 號令修正發布第 6、8、10、13 條條文）

第 2 條

臺灣地區與大陸地區直航港口包含下列港口：

一、國際商港。

二、國內商港。

三、工業港。

前項港口由交通部報行政院指定後公告，並刊登政府公報。

第 4 條

從事臺灣地區與大陸地區海上客貨直接運輸之船舶，以符合下列各款情形之一者爲限：

一、臺灣地區或大陸地區資本，並在兩岸登記者。

二、臺灣地區或大陸地區資本，並在香港登記者。

三、本辦法施行前，已從事境外航運中心運輸、兩岸三地貨櫃運輸或砂石運輸業務之臺灣地區或大陸地區資本之外國籍船舶。

前項第三款以外之外國籍船舶經航港局核轉交通部許可者，得航行於臺灣地區與大陸地區港口。

第 9 條

大陸地區船舶入出臺灣地區直航港口期間，船舶懸掛公司旗，船艉及主桅不掛旗。

第 11 條

經營臺灣地區與大陸地區航線船舶、旅客及貨物入出臺灣地區直航港口，依港口一般作業規定繳交費用。

海峽兩岸海運協議（民國九十七年十一月四日）

為實現海峽兩岸海上客貨直接運輸，促進經貿交流，便利人民往來，財團法人海峽交流基金會與海峽兩岸關係協會就兩岸海運直航事宜，經平等協商，達成協議如下：

一、經營資格

　　雙方同意兩岸資本並在兩岸登記的船舶，經許可得從事兩岸間客貨直接運輸。

二、直航港口

　　雙方同意依市場需求等因素，相互開放主要對外開放港口。

三、船舶識別

　　雙方同意兩岸登記船舶自進入對方港口至出港期間，船舶懸掛公司旗，船艉及主桅暫不掛旗。

四、港口服務

　　雙方同意在兩岸貨物、旅客通關入境等口岸管理方面提供便利。

五、運力安排

　　雙方按照平等參與、有序競爭原則，根據市場需求，合理安排運力。

六、稅收互免

　　雙方同意對航運公司參與兩岸船舶運輸在對方取得的運輸收入，相互免徵營業稅及所得稅。

七、海難救助

　　雙方積極推動海上搜救、打撈機構的合作，建立搜救聯繫合作機制，共同保障海上航行和人身、財產、環境安全。發生海難事故，雙方應及時通報，並按照就近、就便原則及時實施救助。

八、輔助事項

　　雙方在船舶通信導航、證照查驗、船舶檢驗、船員服務、航海保障、污染防治及海事糾紛調處等方面，依航運慣例、有關規範處理，並加強合作。

九、互設機構

　　雙方航運公司可在對方設立辦事機構及營業性機構，開展相關業務。

十、聯繫主體

　　(一) 本協議議定事項，由台灣海峽兩岸航運協會與海峽兩岸航運交流協會聯繫實施。必要時，經雙方同意得指定其他單位進行聯繫。

　　(二) 本協議其他相關事宜，由財團法人海峽交流基金會與海峽兩岸關係協會聯繫。

十一、協議履行及變更

(一) 雙方應遵守協議。協議附件與本協議具有同等效力。

(二) 協議變更,應經雙方協商同意,並以書面方式確認。

十二、爭議解決

因適用本協議所生爭議,雙方應儘速協商解決。

十三、未盡事宜

本協議如有未盡事宜,雙方得以適當方式另行商定。

十四、簽署生效

本協議自雙方簽署之日起四十日內生效。

本協議於十一月四日簽署,一式四份,雙方各執兩份。

V 航港政策 -2

港埠政策（Port Policy）是國家港口及設施長期發展之指導綱要，因應國際經貿發展、增強國際間競爭力、配合區域產業需求、促進港埠永續發展，採取滾動式檢討方式，對港區土地、聯外交通、裝卸模式及港市合作等，架設長期發展建設規劃之目標。

第十四章 港埠政策

　　臺灣的商港管理組織，交通部依「對內協調分工，對外整合競爭」目標進行航運監理與港埠經營的「政企分離」原則，將四個港務局改組成交通部航港局與國營臺灣港務公司。

14.1 臺灣商港概況

打造旗艦自由經貿港區，形塑遠洋貨櫃及國際物流新局

　　臺灣地區現有基隆、高雄、花蓮、臺中、蘇澳、安平、臺北等 7 個國際商港，在經濟發展上扮演了極重要的角色。依交通部網站公布如下：

一、業務概況

(一) 高雄港是我國最大的國際商港及重要貨物樞紐港，為提供深水碼頭讓大型船舶彎靠作業，洲際貨櫃中心第一期工程已於 100 年 1 月 5 日完工營運，有效提升高雄港裝卸能量，第二期工程計畫預定於 108 年完工，將可提供更大型船舶到港作業。基隆港近年來配合基隆地區產業轉型及臺北港發展，已調整發展定位，逐步朝

郵輪觀光發展；臺北港係爲因應進港貨櫃船大型化及分擔北部地區大宗散雜貨海運需求。臺中港爲中部地區均衡發展的重要門戶，也是我國能源、重工原物料進出口主要港口。花蓮、蘇澳、安平等港亦爲重要國際港口，除肩負港口所在地區對外運輸責任，未來同步朝觀光遊憩發展。花蓮、蘇澳、安平等港亦爲重要國際港口，除肩負港口所在地區對外運輸責任，未來同步朝觀光遊憩發展。

(二) 爲因應兩岸海運直航及國際經貿發展趨勢，101 年完成商港經營管理體制改革，臺灣港務公司即秉持企業化彈性經營模式，並循行政院核定國際商港五年計畫之各港發展定位，推動各港港棧業務發展，高雄港以洲際貨櫃樞紐港、智慧物流運籌港、客運及觀光遊憩港爲定位；基隆港以發展成爲北部區域近洋航線貨櫃港及國際郵輪母港爲主；臺北港定位爲北部區域遠洋航線貨櫃港、海運快遞、海空聯運、汽車及其他產業物流港；臺中港則爲兩岸客貨運及產業加值港、能源及大宗物資儲轉港、臨港工業發展基地；而花蓮、蘇澳、安平等港則係觀光遊憩及港口所在地區貨物進出港，在各國際商港分工合作下，發揮「對內協調分工，對外整合競爭」之綜效。

(三) 爲加強金門、馬祖地區國內商港整體規劃、建設、經營及管理，「交通部推動金門、馬祖商港建設督導小組」積極協助金馬地區辦理港埠建設工程。

(四) 交通部自民國 98 年起擔任自由港區主管機關，迄今自由港區已有 6 個海港（基隆港、臺北港、蘇澳港、臺中港、安平港及高雄港）及 1 個桃園空港核准成立並營運，總面積達 1,510.6 公頃。

二、未來發展重點

(一) 發展海運轉運中心係將臺灣發展成為東亞地區貨櫃轉口及增加貨物附加價值之集中作業地點，其目的在暢通臺灣與東亞地區貨物運輸，增強臺灣作為亞太地區商業中心的功能，並發揮支援製造中心發展的作用。

(二) 鑑於全球港口競爭激烈，為維繫我國國際商港之全球港埠競爭力，積極改善並投資硬體設施，同時建置港口雲端管理平臺，並就實際業務推動之需要，持續規劃辦理優惠措施及推動客製化行銷獎勵措施。

(三) 為利我國國際商港機能之轉型，創造現代港埠多元化商務營運價值，秉持與業者互惠互利原則，結合多角化業務發展需要，與港區業者共同開創港區經營綜效。

(四) 為因應企業全球化發展趨勢，吸引跨國公司來臺投資，並推動我國貿易自由化、國際化，各國際商港積極推動設置「自由貿易港區」，未來各自由貿易港區將持續推動招商工作，以活絡港口營運績效。

(五) 為發展臺灣成為郵輪觀光樞紐，將高雄港及基隆港定位為「郵輪

雙母港」，臺中、安平、花蓮、馬公、蘇澳等港口定位爲「郵
輪掛靠港」，未來將推動郵輪產業化發展，並推廣機加船（Fly
Cruise），吸引國外旅客搭機來臺轉搭郵輪旅遊，結合城市行銷
與觀光旅遊產業、國內製造業與郵輪日用品供應鏈，帶動整體郵
輪經濟產值提升。

(六) 配合政府推動「新南向政策」及推展「潔淨能源」政策，與國內
業者合作推動海外投資布局及提升國內綠色能源製造能量，透過
與各界合作創利模式，加強東南亞貨源之掌握及提高風機國造比
率，帶動我國經貿成長及實現潔淨能源爲主流能源之目標。

(七) 導入「顧客導向」之經營理念，創造客戶服務價值，透過定期進
行客戶拜會交流等相關活動，主動了解客戶想法，同時運用顧客
服務中心系統（CRM），以有效地統合客戶重要意見，適切滿
足其需求，以持續提升客戶服務品質及效能。

(八) 持續推動航港作業電子化及無紙化，強化航港單一窗口服務平臺
（MTNet）功能，以提升航港作業效率，目前航運業者均已透過
MTNet 進行航政監理及港灣棧埠各項申辦作業，港務公司亦全
力建置「臺灣港棧服務網」，整合我國 7 個國際商港及馬公港、
布袋港之港灣棧埠服務，以提供業者更一致性的作業環境。

(九) 爲因應國際海事組織採納國際船舶與港口設施保全章程，我國國
際商港未來將持續辦理新制港口保全措施之演練及演習，以提升
我國海事安全之地位與聲譽，並強化港口安全工作。

(十) 爲保障我國海域航行安全,防止海域污染,我國各國際商港將持
續加強執行港口國管制檢查,藉此消除不符合國際公約之次標準
船,以符合國際趨勢。

14.2 港埠發展定位

一、組織改造

我國航港管理原係行政監理與經營合一,爲提升港埠競爭力,並
配合政府組織再造進程及將企業化精神導入港口之經營,故民國 101
年 3 月交通部設立「航港局」,專責辦理航政及港政公權力事項;港
務局則朝「公司化」方向改制爲港務公司,設立臺灣港務股份有限公
司,統轄基隆、臺中、高雄及花蓮四個港務分公司,專營港埠經營業
務,提升港埠經營效能及彈性,促進國際商港區域之發展,帶動區域
產業經濟繁榮。

二、發展定位

根據港務公司的發展策略與目標,以現有港埠核心服務爲主要
業務,並且順應國際港埠經營的趨勢,透過資產開發、轉投資、國際
化等方式,尋求業務範圍的多角化經營。主要包括:國際物流相關業
務、由港埠業務水平延伸之郵輪碼頭、娛樂購物等新業務,以及走向
國際港埠經營管理的地區多角化等,希望藉此提高非核心業務收入比
重。

表 14.1　臺灣各商港發展定位

商港	發展定位
基隆港	1. 近洋航線貨櫃港 2. 國際郵輪母港
臺中港	1. 兩岸客貨運及產業加值港 2. 能源及大宗物資儲轉港 3. 臨港工業發展基地
高雄港	1. 洲際貨櫃樞紐港 2. 智慧物流運籌港 3. 客運及觀光遊憩港
花蓮港	1. 東部地區貨物進出港 2. 觀光遊憩港
臺北港	1. 遠洋航線貨櫃港 2. 海運快遞及海空聯運港 3. 汽車及其他產業物流港
蘇澳港	1. 蘭陽地區貨物進出港 2. 觀光遊憩港
安平港	1. 散雜貨及海運快遞港口 2. 觀光遊憩港

港務公司願景——「以創新為核心，走向世界，成為全球卓越港埠經營集團」

港務公司使命——「打造優質非凡港埠，讓臺灣人流、物流、金流與世界接軌」

三、重點推動方案

(一) 綠色港口（Green Port）

　　近年環保意識的提升，永續發展的概念逐被重視；以往以經濟發展為單一目標的時代已漸漸成為過去，「成功」的發展須兼顧經濟、環境及社會三個層面的永續發展。國際港口發展潮流也將上述永續發展概念納入，除最基本的空氣、水質、港池底質的污染防制外，還透過不同的管理手法、具體建設與法規、規範要求等，減少港口從施工建設到營運所有環節對於環境、生態系統的不利影響。

　　臺灣港務股份有限公司為實踐綠色港口的理念，兼顧經濟、環境及社會的永續發展，已於民國 102 年 1 月擬定「臺灣港群綠色港口推動方案」，針對港口的四大構面：旅運、貨運、港口環境及城市／社區發展，制訂短、中及長期計畫。

　　「臺灣港群綠色港口推動方案」涵蓋臺灣港務公司轄下之七大港口：基隆港、臺北港、蘇澳港、臺中港、安平港、高雄港及花蓮港，並以臺灣港群方式，規劃短、中、長期綠色港口策略，提出綠色港群的概念。「臺灣港群綠色港口推動方案」以改善港口環境為目標，希望透過方案內容的推動提升旅運品質以及貨運效率，長期則期望藉由優質的港口環境與建設帶動當地城市發展。

表 14.2　臺灣港群綠色港口推動方案

四大構面	目標
旅運業務	• 減輕郵輪造成之環境衝擊（如：廢水、旅客廢棄物等） • 建構符合綠建築規範及節能減碳之旅運中心
貨運業務	• 改善運輸貨物於海上及陸上產生之環境污染（空氣污染、噪音） • 推動裝卸設備之汰舊更新及電氣化
港口環境	• 優化港區環境品質（空氣、水質、綠化空間） • 建立公司永續營運之環保企業形象
城市／社區發展	• 發展港市水陸交界之親水遊憩空間 • 配合地方政府發展，推動港區業務及爭取支持港區建設

(二) 智慧港口（Smart Port）

臺灣港埠群，因應國際港引進智慧化科技應用趨勢，亦將應用新興科技逐步邁入智慧港口的發展規劃。臺灣港 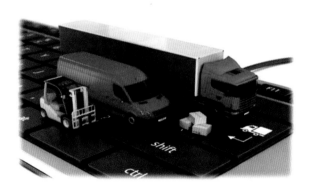 務股份有限公司依照港口現況與特性，量身訂定 Trans-SMART 計畫（Transform Sustainable, Modern and Advanced ports with Revolutionary Technology），建構臺灣港口整體發展計畫。取其寓意永續的 S、現代化的 M、創新的 A、革命性科技運用的 R、T，結合成 SMART，期以智慧科技打造創新、優質、永續的現代化港口願景，逐日提高港

埠的核心價值與國際競爭力。

表 14.3 臺灣港群智慧港口推動方案

構面	規劃方案
海側	• 海側部分將以船為核心，利用智慧科技刻劃船舶航行的嶄新面貌，行動方案中「船舶操航智能輔助系統」將船舶進出航道、靠泊船席的軌跡、角度、船速等資料透過大數據分析，模擬出最佳安全範圍，並透過雷達、監視系統、感測裝置即時監控船舶動態，於發生異常時提出預警，以提升船舶操航安全，降低港灣事故發生。 • 「IoT 海氣象即時系統」則透過海氣象監測資料之整合分析，即時掌握港口風力、波浪、海流及潮位等資訊，除可強化港口於劇烈天氣下的應變能力外，同時可因應未來服務無人船（Autonomous Ship）入出港口所需之資訊。 • 「港灣智能調度整合系統」將優化現行的港灣作業，而「海事機器人」則可解決潛水人員短缺現況，並可提高水下工作之安全性與作業效率。
陸側	• 陸側部分以車、機為核心，Trans-SMART 的行動方案中，「智慧監控管理系統」即運用港區 CCTV 監視設備，以智能分析自動判斷港埠現場狀態，並透過電子圍籬等技術，針對異常情形即時提供警示及追蹤，讓港口監控人員可更主動、更精確地掌握港口各項資訊。 • 無線射頻辨識（RFID）的自動化門哨系統架構下，未來將串接車輛 GPS 定位及櫃場作業資訊流，分析港區壅塞情形、預估等時間，讓港區業者可彈性安排交領貨時程，做到人車出入安全、效率的智慧交通。 • 高雄港新建之洲際二期第七貨櫃中心為臺灣最現代化之深水貨櫃碼頭，於各項基礎設施及碼頭規劃時就先以自動化碼頭標準進行設計，未來碼頭營運商進駐後即可依需求導入自動導引車（AGV）、遠端遙控裝卸機具等自動化設備，提供全天候、無人化的櫃場作業。

構面	規劃方案
生態	• 環保議題上的各項規劃，並以環境即時監測系統建置為例，藉由收集港區空氣、水質等監測資料，並於異常狀況發生時進行警示與追蹤，讓港口管理人員能即時應變，提出因應對策。
生活	• 水岸遊憩部份，未來將在無人車相關法律、技術完善後，逐步導入於客運接駁、觀光導覽，其他新興科技應用如停車資訊 APP、水上 TAXI、實境導覽等服務。

有用的參考資源

中華民國交通部-水運

https://www.motc.gov.tw/ch/home.jsp?id=726&parentpath=0,1,717

中華民國交通部-港埠

https://www.motc.gov.tw/ch/home.jsp?id=727&parentpath=0,1,717

交通部運輸研究所-交通百科-海運及港埠篇

http://ebooks.lib.ntu.edu.tw/1_file/iot/050304/0503no32.htm

交通部運輸研究所-商港整體發展規劃（106-110年）

https://govbooks.com.tw/books/113634

交通部運輸研究所-我國海運政策之研析－成效檢討與調查結果分析

https://www.iot.gov.tw/Modules/Quarterly/Quarterly-

Details?node=ac53d790-78a9-490f-b3a2-df957b99764d&id=5f8b43ae-

0e10-4bba-941e-9c815f240df5

交通部運輸研究所港灣技術研究中心

https://www.ihmt.gov.tw/

交通部航港局

https://www.motcmpb.gov.tw/

臺灣港務股份有限公司

https://www.twport.com.tw/chinese/

打造智慧港口Trans-SMART計畫領航臺灣國際商港轉型

https://futurecity.cw.com.tw/article/329

VI 航港法規 -1

海運業務的載送主體是船舶，運送的是貨物與旅客，船舶駕駛與船上貨物的裝卸又涉及人員訓練養成。航業經營現在從海上到陸上的複合模式運送，更涉及多種營業許可及監督管理，對於常用海運法規的基礎認識是從業入門的開始。

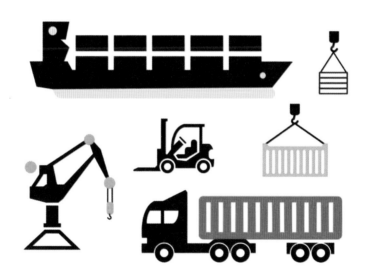

第十五章 常用海運法規

15.1 航業經營管理

　　海運行業的管理通常涉及航業公司營運籌設許可、營運管理；海運的運送船舶權益登記、設備安全規定及檢查；駕駛船舶的船員資格及訓練等。（另有海商法不在此敘述）

表 15.1　常用海運三法

航業法	船舶法	船員法
第一章　　總則	第一章　　通則	第一章　　總則
第 1 條 為健全航業制度，促進航業發展，繁榮國家經濟，特制定本法。 第 2 條 本法之主管機關為交通部；航業之業務由航政機關辦理之。	第 1 條 為確保船舶航行及人命安全，落實船舶國籍證書、檢查、丈量、載重線及設備之管理，特制定本法。 第 2 條 本法之主管機關為交通部，其業務由航政機關辦理。	第 1 條 為保障船員權益，維護船員身心健康，加強船員培訓及調和勞雇關係，促進航業發展；並加強遊艇駕駛與動力小船駕駛之培訓及管理，以推動遊艇活動發展，特制定本法。 第 4 條 本法之主管機關為交通部，其業務由航政機關辦理。

15.1.1 航業法介紹

航業法是中華民國七十年六月三日總統令制定公布全文 70 條，並經數次因應環境變遷增刪修部分條文，共分總則、船舶運送業之管理、船務代理業、海運承攬運送業之管理、貨櫃集散站經營業之管理、罰則、附則等六章全文 61 條。

船舶運送業（Vessel Carrier）在航業法是指以總噸位二十以上之動力船舶，或總噸位五十以上之非動力船舶從事客貨運送而受報酬為營業之事業。一般有依營業航班（定期、不定期）、航線距離（遠洋、近洋）、載貨種類（貨櫃、散雜貨、液化貨）而作分類。

在航業法第 7 條規定經營船舶運送業，應具備營業計畫書，記載船舶購建規範、資本總額、籌募計畫，連同其他有關文書，申請航政機關核轉主管機關許可籌設。船舶運送業應自許可籌設之日起六個月內，依法辦理公司登記，置妥中華民國國籍之自有船舶，具備有關文書，申請航政機關核轉主管機關許可並核發許可證後，始得營業。

未依前項規定期限申請核發許可證者，其籌設許可應予廢止。但有正當理由者，得於期限屆滿日起算之三十日前申請展延；展延期限為六個月，並以二次為限。船舶運送業之組織，除本法中華民國八十四年八月九日修正之條文施行前經核准者外，以股份有限公司為限。

同法第 28 條規定外國籍船舶運送業非依法設立分公司或委託中華民國船務代理業代為處理船舶客貨運送業務，不得在中華民國境內

攬運客貨。另第 34 條規定船舶運送業在中華民國經營業務者，參加或設立國際聯營組織（International Joint Service Organization），應檢附組織章程、聯營作業計畫及相關文件，申請航政機關核轉主管機關會商有關機關認可。聯營組織變更或解散時，亦同。

國際聯營組織以協商運費、票價爲其聯營協定內容者，其會員公司之運價表，應由該組織授權之會員公司代爲申請航政機關備查。第二十二條規定（即經營固定航線之客、貨運價表，應報請航政機關備查，並以公開方式公布運價資訊），於國際聯營組織準用之。

船舶申請進出港口作業時，是委託當地港口代理進行船舶文書、船員入出境、補給維修及客貨運送等約定範圍內業務，此爲船務代理業（Shipping Agency）。

航業法第 36 條規定經營船務代理業，應具備有關文書，申請航政機關核轉主管機關許可籌設。船務代理業應自許可籌設之日起六個月內，依法辦妥公司登記，並申請航政機關核轉主管機關許可並核發許可證後，始得營業。同法第 37 條規定船務代理業經營代理業務，應以委託人名義爲之，並以約定之範圍爲限。另第 38 條規定船務代理業所代理之外國籍船舶運送業，在中華民國國境內攬運之客貨，發生運送糾紛或爭議者，船務代理業應協助妥善處理之。

本身無船舶，但在市場上承攬貨物交由船舶運送業運送而收報酬，對貨量不足整櫃的貨主可與其他貨物合裝節省運費，對船公司可提高航次的載運率，即俗稱爲海運承攬運送業（Freight Forwarder）。

　　航業法第 39 條規定經營海運承攬運送業，應具備有關文書，申請航政機關核轉主管機關許可籌設。海運承攬運送業應自許可籌設之日起六個月內，依法辦理公司登記，並申請航政機關核轉主管機關許可並核發許可證後，始得營業。經營海運承攬運送業者於申請核發許可證時，應繳交一定金額之保證金，或依主管機關所定保險金額投保承攬運送責任保險。前項之保險期間屆滿時，海運承攬運送業應予以續保。

　　現代定期航運公司為因應貨櫃運輸作業特性，在港口內外區域的貨櫃場（Container Yard, CY）設有貨櫃集散站（Container Freight Station, CFS）經營貨物併櫃分裝作業。

　　在航業法第 44 條規定經營貨櫃集散站業務，應具備有關文書，申請航政機關核轉主管機關許可籌設。貨櫃集散站經營業，應自許可籌設之日起六個月內，依規定置備足供貨櫃、貨物、車輛、機具存放及貨物起卸場所，辦理公司登記，檢附有關文書，申請航政機關核轉主管機關許可及核發許可證，並向海關登記後，始得營業。

15.1.2 船舶法介紹

　　船舶法最早係於中華民國十九年十二月四日國民政府制定公布全文 43 條；並自二十年七月一日施行，共分為通則、船舶國籍證書、船舶檢查、船舶丈量、船舶載重線、客船、遊艇、小船、驗船機構及驗船師、罰則、附則，計 11 章全文 102 條。

　　船舶與自然人具有一些相同特性，她有國籍與命名登記，船舶基於航行安全要求，對於建造與檢查在法規上予以明確規範。

　　第 5 條規定本法所稱中華民國船舶，指依中華民國法律，經航政機關核准註冊登記之船舶。第 11 條規定遊艇應具備遊艇證書；小船應具備小船執照。

　　船舶的命名爲唯一性，第 12 條規定船名（The name of a ship），由船舶所有人自定，不得與他船船名相同。但小船船名在本法中華民國九十九年十一月十二日修正之條文施行前經核准者，不在此限。

　　船舶國籍（Vessel's Nationality）指船舶所有人依照一國的船舶登記管理規定進行登記，取得該國簽發的船舶國籍證書（Certificate of Vessel's Nationality）並懸掛該國國旗航行，進而使船舶隸屬於登記國的一種法律上的身份。船舶國籍證書係一項船舶所有權登記，船舶亦類似自然人有國籍區別，政府對其權益予以保護並課以責任。

　　船舶法第 15 條規定船舶所有人於領得船舶檢查證書及船舶噸位證書後，應於三個月內依船舶登記法規定，向船籍港航政機關爲所有權之登記。前項船舶檢查證書，得依第三十一條規定，以有效之國際公約證書，及經主管機關委託之驗船機構所發船級證書代之。

　　船舶檢查（Inspection of Ships）依第 23 條規定分特別檢查、定期檢查及臨時檢查。船舶有下列情形之一者，其所有人應向船舶所在地航政機關申請施行特別檢查（Special Inspection）：

一、新船建造。

二、自國外輸入。

三、船身經修改或換裝推進機器。

四、變更使用目的或型式。

五、特別檢查有效期間屆滿。

船舶經特別檢查合格後，航政機關應核發或換發船舶檢查證書，其有效期間以五年為限。但客船、貨船船齡超過二十年者，核發、換發船舶檢查證書之有效期間不得超過二年。

船舶有下列情形之一者，其所有人應向所在地航政機關申請施行船舶臨時檢查（Additional Inspection）：

一、遭遇海難。

二、船身、機器或設備有影響船舶航行、人命安全或環境污染之虞。

三、適航性發生疑義。

船舶經臨時檢查合格後，航政機關應於船舶檢查證書上註明。

船舶丈量（Measurement of Ships）係根據船舶噸位丈量公約或規範的有關規定，船舶法第 39 條規定船舶所有人應於請領船舶國籍證書前，向船舶所在地航政機關申請船舶丈量及核發船舶噸位證書（Tonnage Certificate）。

船舶載重線（Load Lines of Ships）為最高吃水線，船舶航行時，其載重不得超過該線。第 47 條規定船舶所有人應向船舶所在地航政機關申請勘劃載重線後，由該機關核發船舶載重線證書。船舶載重線證書有效期間，以五年為限；船舶所有人應於期滿前重行申請特別檢

查，並換領證書。

客船（Passenger Ships）指非小船且乘客定額超過十二人，主要以運送乘客為目的之船舶。第 52 條規定客船所有人應向船舶所在地航政機關，申請核發客船安全證書（Passenger Ship Safety Certificate）。非領有客船安全證書，不得搭載乘客。航政機關依船舶設備、水密艙區及防火構造，核定乘客定額及適航水域，並載明於客船安全證書。客船搭載乘客不得超過依前項核定之乘客定額，並不得在依前項核定適航水域以外之水域搭載乘客。

遊艇（Yachts）指專供娛樂，不以從事客、貨運送或漁業為目的，以機械為主動力或輔助動力之船舶。可分為自用與非自用兩種，船舶法第 58 條規定遊艇之檢查、丈量經主管機關認可之國內外機構驗證後，由遊艇所在地之航政機關辦理；其登記或註冊、發證，由遊艇船籍港或註冊地航政機關辦理。同法第 70 條規定遊艇不得經營客、貨運送、漁業，或供娛樂以外之用途。但得從事非漁業目的之釣魚活動。

小船（Small Ships）在船舶法定義指總噸位未滿五十之非動力船舶，或總噸位未滿二十之動力船舶。第 73 條規定小船之檢查、丈量，由小船所在地航政機關辦理；其註冊、給照，由小船註冊地航政機關辦理；非經領有航政機關核發之小船執照，不得航行。主管機關因業務需要，得將小船檢查、丈量業務，委託驗船機構或領有執照之合格造船技師辦理。造船技師為小船之設計者，應迴避檢查、丈量同

一艘小船；未迴避委託檢查、丈量者，除應終止委託外，其檢查、丈量結果無效。第一項由航政機關辦理之規定，其施行日期，由行政院定之。

驗船機構及驗船師（Ship Register Institutes and Ship Surveyors），各國爲加強船舶航行的安全，主要海運國家均成立其本國驗船機構，以執行船舶的法定檢查及嚴格檢驗，以滿足航運業、保險業及造船業的需求，中華民國的驗船機構爲「中國驗船中心」（China Corporation Register of Shipping，簡稱 CR）。而國際著名驗船機構例如美國驗船協會（ABS）、英國勞氏驗船協會（LR）、法國驗船協會（BV）、德國驗船協會（GL）、挪威驗船協會（DNV）、日本海事協會（NK）等機構。

船級（Classification of Vessel）是表示船舶品質的一種檢定，在進行建造時須經某一驗船協會派驗船師到船廠進行監造，包括設計圖的審核、船舶設備的認證以及吃水標誌和性能進行檢定等，符合後發給船級證書。船舶有經驗船協會認可，較能保證船舶航行安全條件，對保險公司可判定船的保險費用等即及銀行貸款金額。

船舶法第 84 條規定主管機關因業務需要，得委託驗船機構辦理下列事項：

一、船舶檢查、丈量及證書之發給。

二、各項國際公約規定之船舶檢驗及證書之發給。

三、船舶載重線之勘劃、查驗及證書之發給。

驗船機構受委託執行前項業務時，應僱用驗船師主持並簽證。

同法第 85 條規定中華民國國民經驗船師考試及格，向航政機關申請發給執業證書，始得執業。驗船師執業期間，不得同時從事公民營船舶運送業、船務代理業或造船廠等與驗船師職責有關之工作。

15.1.3 船員法介紹

中華民國八十八年六月二十三日總統（88）華總（一）義字第 8800142720 號令制定公布全文 93 條；並自公布日起施行。共分總則、船員之資格、執業與培訓、船員僱用、勞動條件與福利、船長、航行安全與海難處理、遊艇與動力小船之駕駛及助手、罰則、附則等計八章 93 條文。

有關船員（Seafarers）之資格、執業與培訓，船員法第 5 條規定船員應年滿十六歲，船長應為中華民國國民。同法第 6 條規定船員資格應符合航海人員訓練、發證及當值標準國際公約（International Convention on Standards of Training, Certification and Watchkeeping for Seafarers）與其他各項國際公約規定，並經航海人員考試及格或船員訓練檢覈合格。外國人申請在中華民國籍船舶擔任船員之資格，亦同。

第 7 條規定具有前條資格者，應向航政機關提出申請，並經主管機關核發適任證書，始得執業。第 8 條規定船員應經體格檢查合格，並依規定領有船員服務手冊，始得在船上服務。已在船上服務之船

員，應接受定期健康檢查；經檢查不合格或拒不接受檢查者，不得在船上服務。前項船員健康檢查費用，由雇用人負擔。

有關船員之雇用，第 12 條規定雇用人僱用船員，應簽訂書面僱傭契約，送請航政機關備查後，受僱船員始得在船上服務。僱傭契約終止時，亦同。第 13 條規定雇用人僱用船員僱傭契約範本，由航政機關定之。第 17 條規定雇用人應訂定船員工作守則，報請航政機關備查。船員應遵守雇用人在其業務監督範圍內所為之指示。

因船員勞動環境主要在海上作業，第 27 條規定船員之薪資、岸薪及加班費之最低標準，由主管機關定之。前項最低薪資不得低於勞動基準法所定之基本工資。船員中止雇用時因常在外地，第 40 條規定船員於受僱地以外，其僱傭契約終止時，不論任何原因，雇用人及船長有護送回僱傭地之義務；其因受傷或患病而上岸者，亦同。前項護送回僱傭地之義務，包括運送、居住、食物及其他必要費用之負擔。船員因個人事由被護送回僱傭地時，雇用人得要求其負擔前項之費用。第 52 條同時為保障船員生活之安定與安全，雇用人應為所雇用之船員及儲備船員投保勞工保險及全民健康保險。船員法第 52 條規定雇用人依本法應支付之醫療費用、殘廢補償、死亡補償及喪葬費，應投保責任保險。

船長（Master）職責，第 58 條規定船舶之指揮，由船長負責；船長為執行職務，有命令與管理在船海員及在船上其他人員之權。船長為維護船舶安全，保障他人生命或身體，對於船上可能發生之危

害，得爲必要處置。第 59 條規定船長在航行中，爲維持船上治安及保障國家法益，得爲緊急處分。

　　船長的工作責任，第 61 條規定船長於船舶發航前及發航時，應依規定檢查船舶及完成航海準備。第 64 條規定船長在航行中，其僱用期限已屆滿，不得自行解除或中止其職務。第 67 條規定船長對於執行職務中之過失，應負責任；如主張無過失時，應負舉證之責任。

　　航行安全與海難處理（Navigation Safety and Dealing of Casualties）是船長與船員須謹慎面對與應變，第 70 條規定當值船員（Watchkeeping seafarer），應遵守航行避碰規定（The rules of the collision regulation），並依規定鳴放音響或懸示信號。船長對船舶有維護之責，第 73 條規定船舶有急迫危險時，船長應盡力採取必要之措施，救助人命、船舶及貨載。船長在航行中不論遇何危險，非經諮詢各重要海員之意見，不得放棄船舶。但船長有最後決定權。放棄船舶時，船長應盡力將旅客、海員、船舶文書、郵件、金錢及貴重物救出。船長違反第一項、第二項規定者，就自己所採措施負其責任。同法第 75 條規定船長於不甚危害船舶、海員、旅客之範圍內，對於淹沒或其他危難之人，應盡力救助。

　　近年新興的海洋休閒觀光活動，爲顧及航行安全，船員法第 75-1 條規定遊艇及動力小船駕駛（Yacht master and the power-driven small ship master）須年滿十八歲，其最高年齡，除本法另有規定者外，不受限制。營業用動力小船駕駛之最高年齡不得超過六十五歲。但合於

體格檢查標準且於最近一年內未有違反航行安全而受處分紀錄者，得延長至年滿六十八歲止。助手須年滿十六歲，最高年齡不受限制。但營業用動力小船駕駛之年齡超過六十五歲者，其助手年齡不得超過六十五歲。第 75-2 條亦規定遊艇及動力小船駕駛應經體格檢查合格，並依規定領有駕駛執照，始得駕駛。違反槍砲彈藥刀械管制條例、懲治走私條例或毒品危害防制條例之罪，經判決有期徒刑六個月以上確定者，不得擔任遊艇及動力小船駕駛。

15.2 其他行業管理

15.2.1 貨櫃集散站

貨櫃集散站是港口貨櫃作業的重要單元之一，「貨櫃集散站經營業管理規則」是依航業法第四十八條規定訂定之。

向航政機關申請營業條件，第 7 條規定貨櫃集散站經營業之實收資本額，不得低於新臺幣一億元。外國籍貨櫃集散站經營業分公司或領有主管機關核發之外國籍船舶運送業許可證申請兼營貨櫃集散站經營業者，在中華民國境內營運資金之金額不得低於新臺幣一億元。

營運土地規定，第 8 條指貨櫃集散站經營業供貨櫃儲放、裝卸、停車使用之整塊土地總面積，不得低於三萬三千平方公尺。但內陸貨櫃集散站經營業停止原場站營運，並移至港區內營運者，土地總面積不得低於四千平方公尺。前項設立於花蓮港、蘇澳港及安平港國際商

港之港口貨櫃集散站，其整塊土地總面積不得低於二萬二千平方公尺。貨櫃集散站經營業使用之土地應為商港區域用地、工業用地、交通用地、倉儲用地及貨櫃集散站經營用地，並應符合土地法、國土計畫法、都市計畫法及其他相關法令之規定。

第9條規定，貨櫃集散站經營業應具備之基本設備如下：

一、貨櫃儲放場、貨物裝卸工作場所、停車場、進出道路及辦公室等。

二、自備機具及車輛規定如下。但本款機具得以相等能量及功能機具替代：

　　(一)起重機：三十五噸以上一臺。

　　(二)堆高機：五噸以上二臺、二噸以上六臺。

　　(三)曳引車：三十五噸二臺。

　　(四)半拖車：二十呎（六點零九六公尺）及四十呎（一二點一九二公尺）各四臺。

　　(五)地磅：經度量衡機關檢定合格之五十噸以上一臺。

三、貨櫃、機具、車輛修護設備。

四、消防設備：應依地方主管機關所訂標準規定設置。

五、其他有關設備。

　　內陸貨櫃集散站經營業停止原場站營運，並變更為港口貨櫃集散站，前項第二款除地磅外之設備，依現行規定減半。

　　為防護堆置貨櫃安全，第11條規定於颱風及防汛期間（The

typhoon and flood control period），航政機關得會同交通、環保、地政、水土保持、水利、消防及警察等機關不定期辦理實地勘查。

15.2.2 船舶貨物裝卸承攬業及船舶理貨業

船舶貨物裝卸承攬業及船舶理貨業是港區船舶貨物作業的重要輔助服務行業，由航政機關或政府指定的機關（指金門、連江縣）許可營業及管理，「船舶貨物裝卸承攬業及船舶理貨業管理規則」依商港法第五十二條規定訂定。

船舶貨物裝卸承攬業申請條件，第 3 條規定於商港區域內，申請經營船舶貨物裝卸承攬業者，應符合下列最低基準：

一、實收資本額：國際商港為新臺幣二千萬元；國內商港為新臺幣八百萬元。

二、裝卸搬運工人人數：國際商港為四十八人；國內商港為十二人。

三、作業機具：國際商港貨櫃作業為橋式起重機二臺，門型吊運機或跨載機二臺，堆高機一臺，經度量衡機關檢定合格之五十噸以上地磅一臺；散雜貨作業為堆高機四臺。國內商港為堆高機二臺。

國際商港機械化一貫作業專用碼頭及國內航線專用碼頭，申請經營船舶貨物裝卸承攬業之實收資本額及裝卸搬運工人人數，準用前項國內商港基準，惟作業機具得依實際作業需要備置。

第 4 條租用港埠設施特殊規定，申請經營船舶貨物裝卸承攬業，

除符合前條規定之最低基準外，應與商港經營事業機構、航港局或行政院指定之機關合作興建或租賃經營專用碼頭，或與專用碼頭經營業者訂定船舶貨物裝卸承攬契約。前項情形，於未開放租賃經營之碼頭，申請人應與商港經營事業機構、航港局或指定機關合作興建或租賃經營碼頭後線倉儲設施。第一項每座專用碼頭或第二項碼頭後線倉儲設施之船舶貨物裝卸承攬業以一家經營為限，不得越區作業。但國內商港於未開放租賃經營之碼頭貨源規模不足，經航港局或指定機關同意者，不在此限。

同規則第 5 條對作業工人勞動規定，船舶貨物裝卸承攬業應依勞動基準法規定，僱用所需之裝卸搬運工人，所需之作業機具得自行購置或租用。

繳交管理費及收費基準，第 9 條規定商港經營事業機構、航港局或指定機關對船舶貨物裝卸承攬業，得以約定方式收取管理費。提交作業資料，第 10 條規定船舶貨物裝卸承攬業收取之裝卸費用，應依據主管機關核定之商港港埠業務費項目及費率上限內計收。船舶貨物裝卸承攬業作業前後，應檢送裝卸載貨艙單及有關資料，報請商港經營事業機構、航港局或指定機關備查。

第 12 條規定船舶理貨業務範圍如下：

一、散雜貨及貨櫃之計數、點交、點收。

二、船舶裝卸貨物時之看艙。

三、雜貨包裝狀況之檢視。

四、散雜貨標識分類、貨櫃櫃號識別及配合海關關務作業等相關理貨業務。

散雜貨及貨櫃之數量、標識、櫃號及雜貨包裝狀況，應由委託人或倉儲業者與理貨業者共同簽證。國內航線、以管道方式裝卸運輸貨物或同一貨主同一貨物以包船租約採船邊提貨者（Cargo taken over alongside the ship）之船舶理貨業務，得由船方或貨主視實際需要委託理貨業者辦理。

第 16 條理貨員（Tally Clerks）條件，規定船舶理貨業僱用之理貨員，以年滿二十歲，公立醫院或教學醫院體格檢查合格，並經甄試或訓練合格者爲限。前項甄試作業由船舶理貨業商業同業公會及船舶理貨業職業工會會同辦理，甄試合格後由該兩公（工）會共同發給理貨合格證。有下列情形之一者，得由理貨業者或船舶理貨業商業同業公會敘明理由，檢具僱用名冊及訓練計畫，報請航港局或指定機關核定，並辦理訓練合格後僱用：

一、新營運之港埠。

二、無船舶理貨商業同業公會組織或船舶理貨業職業工會之港埠。

三、甄試作業無法正常運作，經商港經營事業機構、航港局或指定機關認有影響港埠營運。

前項訓練計畫，應包含勞工安全衛生法規、港埠作業相關法規及港埠與理貨作業實務等項目，訓練時數應達三十小時以上。

作業資料及收費基準，第 17 條規定船舶理貨業者於貨物裝卸作

業完工後，應以網路或書面申報，提供海關、商港經營事業機構、航港局或指定機關理貨表單及有關資料，以供查考。第 19 條規定船舶理貨業收費上限基準由船舶理貨業商業同業公會會同船舶運送業、船務代理業、中華民國託運人協會及進出口商業同業公會協商訂定；其未能協商訂定時，由航港局或指定機關召集有關單位協商。前項收費基準應於實施前送請航港局或指定機關備查，實際收費金額應容許船舶理貨業自由決定。

VI 航港法規 -2

商港依進出船舶國籍分爲國際或國內商港，管理區域有陸域及水域，港區內並設有各式專業區。爲提供船舶、貨物及旅客的作業服務環境，從各個面向的基本法規內容可以了解港口運作與管理重點。

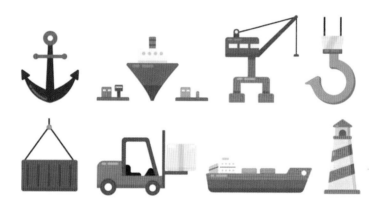

第十六章 商港常用法規

16.1 商港管理

　　港口依管理機關、使用用途不同，可分為商港、漁港及工業專用港等，商船進出及貨物裝卸為在商港及工業專用港內進行作業。

表 16.1　常用港口法規

商港法	國營港務股份有限公司設置條例	工業專用港或工業專用碼頭規劃興建經營管理辦法
第 1 條 商港之規劃、建設、管理、經營、安全及污染防治，依本法之規定。	第 1 條 交通及建設部為經營商港，設國營港務股份有限公司，其設置依本條例之規定。 港務公司由政府獨資經營。	第 1 條 本辦法依產業創新條例第五十八條第五項規定訂定之。
第 2 條 本法之主管機關為交通及建設部。		第 2 條 工業專用港與工業專用碼頭規劃建設之執行、港埠經營、港務管理、專用碼頭之興建、管理維護、船舶入出港、停泊、停航、港區安全、港區行業管理及其他相關事項，依本辦法規定辦理。

16.1.1 商港法介紹

原商港法爲配合航港「政企分離」政策及組織型態調整，於中華民國一百年十二月二十八日總統華總一義字第 10000293541 號令修正公布全文 76 條；施行日期，由行政院定之。中華民國一百零一年二月三日行政院院臺交字第 1010001792 號令發布定自一百零一年三月一日施行。共分總則、規劃建設、管理經營、安全及污染防治、船舶貨物裝卸承攬業及船舶理貨業之管理、海難救護打撈管理及外國商船管制檢查、罰則、附則計八章 76 條文。

商港法依商港範圍，對涉及船舶航行、安全及污染、港區土地使用、特許行業管理及商港法罰則等由交通部航港局分工，港區規劃建設及營運管理由國營港務公司辦理。

商港法第 1 條規定，商港之規劃、建設、管理、經營、安全及污染防治，依本法之規定。第 2 條規定本法之主管機關爲交通及建設部。商港之經營及管理組織如下：

一、國際商港：由主管機關設國營事業機構經營及管理；管理事項涉及公權力部分，由交通及建設部航港局（以下簡稱航港局）辦理。

二、國內商港：由航港局或行政院指定之機關（以下簡稱指定機關）經營及管理。

港區內公權力機關指揮及監督劃分，第 5 條規定商港區域內治安秩序維護及協助處理違反港務法令事項，由港務警察機關執行之。商港區域內消防事項，由港務消防機關或委辦之地方政府執行之。前二

項港務警察機關及港務消防機關協助處理違反港務法令事項時，兼受航港局之指揮及監督。

規劃建設，第 6 條規定商港區域之整體規劃及發展計畫，由商港經營事業機構、航港局或指定機關徵詢商港所在地直轄市、縣（市）政府意見擬訂，並報請主管機關或層轉行政院核定。商港區域內，除商港設施外，得按當地實際情形，劃分各種專業區，並得設置加工出口區、自由貿易港區。

管理經營，第 10 條規定國際商港區域內各項設施，除防波堤、航道、迴船池、助航設施、公共道路及自由貿易港區之資訊、門哨、管制設施等商港公共基礎設施，由政府委託商港經營事業機構興建維護外，得由商港經營事業機構興建自營，或由公民營事業機構以約定方式投資興建或租賃經營。商港設施得由公民營事業機構以約定方式投資興建或租賃經營者，其甄選事業機構之程序、租金基準、履約管理、驗收、爭議處理之辦法，由主管機關定之。

另依商港法第十條第二項規定訂定「公民營事業機構投資興建或租賃經營商港設施作業辦法」，中華民國一百零一年八月二十二日交通部交航字第 10150122052 號令訂定發布全文 18 條；並自發布日施行。中華民國一百零四年一月五日交通部交航字第 10350171692 號令增訂發布第 16-1 條條文（即國內商港適用此辦法）。

而商港公共設施（第 10 條規定項目）興建維護費用由政府負擔，故第 11 條規定商港公共基礎設施之興建維護費用，由航港建設基金

支付。

　　港區貨品安全，第 25 條規定入港船舶裝載爆炸性、壓縮性、易燃性、氧化性、有毒性、傳染性、放射性、腐蝕性之危險物品者，應先申請商港經營事業機構、航港局或指定機關指定停泊地點後，方得入港。船舶在港區裝卸危險物品，應經商港經營事業機構、航港局或指定機關之同意。對具有高度危險性之危險物品，應由貨物所有人備妥裝運工具，於危險物品卸船後立即運離港區；其餘危險物品未能立即運離者，應於商港經營事業機構、航港局或指定機關指定之堆置場所，妥爲存放。裝載危險物品之船舶，應依照規定，日間懸掛紅旗，夜間懸掛紅燈於最顯明易見之處。

　　人車船進出港秩序管理，第 30 條規定船舶應在商港經營事業機構、航港局或指定機關指定之地點裝卸貨物或上下船員及旅客。第 33 條規定船舶在商港區域內停泊或行駛，應受商港經營事業機構、航港局或指定機關之指揮。第 35 條規定進入商港管制區內人員及車輛，均應申請商港經營事業機構、航港局或指定機關核發通行證，並接受港務警察之檢查。

　　污染防治，第 37 條規定，商港區域內，不得爲下列污染港區行爲：

一、船舶排洩有毒液體、有毒物質、有害物質、污油水或其他污染物之行爲。

二、船舶之建造、修理、拆解、清艙或打撈，致污染之行爲。

三、裝卸、搬運、修理或其他作業，致污染海水或棄置廢棄物之行
　　為。

四、船舶排煙、裝卸作業、輸送、車輛運輸或於堆置區，發生以目視
　　方式，即可得見粒狀污染物排放或逸散於空氣中之行為。

16.1.2 國營港務股份有限公司設置條例介紹

　　為配合政府「航港政企分離」政策以提高港埠營運競爭力，
國營港務股份有限公司設置條例於中華民國一百年十一月九日總統
華總一義字第 10000246191 號令制定公布全文 22 條；施行日期，
由行政院定之。中華民國一百年十二月十三日行政院院授研管字第
1002361125 號令發布定自一百零一年三月一日施行。

　　港務公司由政府獨資經營（第一條規定），條例第二條規定港務
公司業務範圍如下：

一、商港區域之規劃、建設及經營管理。

二、商港區域海運運輸關聯服務之經營及提供。

三、自由貿易港區之開發及營運。

四、觀光遊憩之開發及經營。

五、投資、轉投資或經營國內、外相關事業。

六、其他交通及建設部或目的事業主管機關委託及核准之事項。

　　為利拓展海外業務及聯繫，同條例第 3 條規定港務公司得視業務
需要於國內、外設分公司或其他分支機構。

　　另依商港法第七條第七項規定所訂定「交通部航港局經管公有財產提供商港經營事業機構使用辦法」，中華民國一百零一年八月十日交通部交航字第 10150112451 號令訂定發布全文 15 條；並自發布日施行。其辦法第 2 條規定由交通部航港局經管之公有財產，得以設定地上權、出租或作價投資之方式，提供商港經營事業機構（即國營港務公司）開發、興建、營運使用。

　　由於商港港埠設施是商港法許可由公民營企業投資，故港務公司設置條例第 8 條規定港務公司需用之不動產，得由政府作價投資，或由航港局以出租、有償、設定地上權方式，提供港務公司開發、興建、營運及使用收益。屬於公共設施及配合政府政策需要之動產及不動產，港務公司無償使用。

　　為利港埠永續發展及協同商港所在鄰近縣市區域發展，另第 10 條規定港務公司於完納一切稅捐後，分派盈餘時，應先提出百分之十為法定盈餘公積，並得另提特別盈餘公積及提撥一定比例予航港建設基金，以及按百分之十八予港口所在地之直轄市、縣（市）政府。依前項規定提出法定盈餘公積已達港務公司資本總額時，得免再提出。第一項之一定比例及其他相關提撥事項之辦法，由交通及建設部擬訂，報請行政院核定。（「臺灣港務股份有限公司盈餘提撥及分配辦法」，中華民國一百零二年二月十九日交通部交會字第 10200040372 號令訂定發布全文 8 條；並自發布日施行）

　　為維持港務公司其發展獨特性，第 21 條規定除港務公司或經其

同意者外，任何人不得使用與港務（含中文及外文）相同之文字、圖形、記號或其聯合式，表彰其營業名稱、服務或產品。

16.2 工業專用港或工業專用碼頭管理

臺灣目前有花蓮和平及雲林麥寮兩個工業專用港，係依「產業創新條例」第 58 條第 5 項所制定「工業專用港或工業專用碼頭規劃興建經營管理辦法」成立。中華民國九十九年十月二十二日經濟部經工字第 09904605230 號令、交通部交航字第 0990009681 號令會銜訂定發布全文 60 條；並自發布日施行，共分六章通則、規劃建設之執行、港埠經營、港務管理、專用碼頭之興建、附則。

工業專用港之設置管理限專區專用，依產業創新條例第 56 條規定，中央主管機關基於政策或衡量產業園區內興辦工業人之經營需要，且經評估非鄰近商港所能提供服務者，得於其所核定設置之產業園區內，設置工業專用港或工業專用碼頭。前項工業專用港或工業專用碼頭之設置，應由中央主管機關會商交通部後，報行政院核定。工業專用港或工業專用碼頭區域之劃定，由中央主管機關會商交通部、內政部及有關機關後，報行政院核定。工業專用港或工業專用碼頭之指定，由中央主管機關會同交通部，報行政院核定後公告。

主管機關及土地權屬，同條例第 57 條規定工業專用港或工業專用碼頭內設施使用之土地應登記為國有，管理機關為經濟部。工業專

用港或工業專用碼頭之使用對象，由中央主管機關會同交通部認定之。工業專用港或工業專用碼頭，不得供該產業園區以外之使用。

　　工業專用港或工業專用碼頭規劃興建經營管理辦法第 2 條規定，工業專用港與工業專用碼頭規劃建設之執行、港埠經營、港務管理、專用碼頭之興建、管理維護、船舶入出港、停泊、停航、港區安全、港區行業管理及其他相關事項，依本辦法規定辦理。

　　規劃建設執行在同辦法第 4 條規定，依產業創新條例第五十六條規定辦理工業專用港或工業專用碼頭之設置，應由中央主管機關擬訂設置計畫，會商交通部後，報請行政院核定。前項設置計畫，內容應包括：

一、規劃產業園區位置、規模、主要產業項目。

二、建港需求。

三、鄰近商港是否得提供服務之評估分析。

四、初步規劃構想，含位置、規模、功能及服務內容。

五、評估意見及實施方法。

　　港埠經營依同辦法第 21 條規定，公民營事業於工業專用港或工業專用碼頭營運前，應檢具營運管理計畫書，經中央主管機關會商交通部後核定之。前項營運管理計畫書，應包括營業計畫、業務管理計畫、營運財務計畫、建築物、設施與設備清冊、組織人力使用計畫及相關計畫。

VI 航港法規 -3

航港管理除航政與港埠業務由主管機關交通部主管外，另尚有涉及其他機關主管權責，以維護作業安全及環境保護等，故人、船、貨在港口的運作仍需遵循其相關規定，特別是國際航運與國際商港亦有國際組織（或條約）的相關規範需配合遵守。

第十七章 其他相關法規

17.1 海洋污染防治

　　海洋污染防治法於中華民國八十九年十一月一日總統（89）華總一義字第 8900260410 號令制定公布全文 61 條；並自公布日起施行。中華民國一百零七年四月二十七日行政院院臺規字第 1070172574 號公告本法之中央主管機關原爲「行政院環境保護署」自一百零七年四月二十八日起變更爲「海洋委員會」。共分總則、基本措施、防止陸上污染源污染、防止海域工程污染、防止海上處理廢棄物污染、防止船舶對海洋污染、損害賠償責任、罰則、附則，計分九章共61條文。

　　立法目的及範圍。第 1 條規定爲防治海洋污染，保護海洋環境，維護海洋生態，確保國民健康及永續利用海洋資源，特制定本法。本法未規定者，適用其他法律之規定。第 2 條規定本法適用於中華民國管轄之潮間帶、內水、領海、鄰接區、專屬經濟海域及大陸礁層上覆水域。於前項所定範圍外海域排放有害物質，致造成前項範圍內污染者，亦適用本法之規定。

　　第 11 條規定各類港口管理機關應依本法及其他相關規定採取措施，以防止、排除或減輕所轄港區之污染。各類港口目的事業主管機

關，應輔導所轄港區之污染改善。

第 12 條規定，經中央主管機關核准以海洋爲最終處置場所者，應依棄置物質之種類及數量，徵收海洋棄置費，納入中央主管機關特種基金管理運用，以供海洋污染防治、海洋污染監測、海洋污染處理、海洋生態復育、其他海洋環境保護及其研究訓練之有關事項使用。海洋棄置費之徵收、計算、繳費方式、繳納期限及其他應遵行事項之收費辦法，由中央主管機關會商有關機關定之。（海洋棄置費收費辦法，中華民國一百零五年五月十九日行政院環境保護署環署水字第1050038476號令修正發布全文8條；並自一百零五年七月一日施行）

防止海上處理廢棄物污染，第 21 條規定實施海洋棄置或海上焚化作業，應於中央主管機關指定之區域爲之。前項海洋棄置或焚化作業區域，由中央主管機關依海域環境分類、海洋環境品質標準及海域水質狀況，劃定公告之。

申報及查核，第 23 條規定實施海洋棄置及海上焚化之船舶、航空器或海洋設施之管理人，應製作執行海洋棄置及海上焚化作業之紀錄，並定期將紀錄向中央主管機關申報及接受查核。

防止船舶對海洋污染，第 26 條規定船舶應設置防止污染設備，並不得污染海洋。第 27 條船舶對海洋環境有造成污染之虞者，港口管理機關得禁止其航行或開航。

海難或意外事故，第 32 條規定船舶發生海難或因其他意外事件，致污染海域或有污染之虞時，船長及船舶所有人應即採取措施以

防止、排除或減輕污染，並即通知當地航政主管機關、港口管理機關及地方主管機關。前項情形，主管機關得命採取必要之應變措施，必要時，主管機關並得逕行採取處理措施；其因應變或處理措施所生費用，由該船舶所有人負擔。

17.2 職業安全衛生

碼頭裝卸安全衛生設施標準，原中華民國六十四年六月十日內政部（64）臺內勞字第 640923 號令、交通部（64）交航字第 05246 號令會銜訂定發布。中華民國一百零三年九月五日勞動部勞職授字第 10302010261 號令、交通部交航字第 10300254371 號令會銜修正發布；增訂第 67-1 條條文。共分總則、工作場所及通路、扶梯、照明、蓋板、起重裝置、裝卸作業、防護具、附則，計分九章共 68 條文。

作業設備要求，第 4 條規定靠泊我國港口裝卸之船舶，其機具及裝卸設備，應符合船舶法及船舶設備規則等有關規定。同標準第 5 條規定雇主對於進入港區之危險性機械或設備，應備檢查合格證明供港口管理機關（構）查驗。

工作場所交通及分隔設施，第 7 條規定港口管理機關（構）或碼頭經營者對港區碼頭供工作者作業來往之通路、作業車輛出入之工作及停車場所，有導致交通事故之虞者，應設置必要之交通號誌、標誌、柵欄、標線、行車分隔設施或行人專用道等設施，並妥為維護，

保持路線暢通。

水上交通工具，第 16 條規定雇主對於勞工為從事船舶裝卸作業，須搭船經由水上往返作業場所者，應使勞工搭乘符合船舶法規規定之交通船。

提供工作者船岸往返裝置，第 17 條規定船方為便利裝卸作業之實施，於船舶靠岸或靠近其他船舶時，應設置上下船舶之安全設備，以供工作者往返船岸之用。

作業場所及通道照明，第 25 條規定港區作業場所及碼頭通道之危險部分，港口管理機關（構）或碼頭經營者應設置充分之照明，採取安全有效之照明方法。前項照明，除由港口管理機關（構）或碼頭經營者設置外，船邊裝卸作業區照度不足者，應由負責裝卸之雇主洽船方於作業前增設之。

船舶起種裝置安全要求，第 37 條規定船方對於船舶甲板上之齒輪、發動機、鏈條、傳動軸、帶電導體及蒸汽管線等供起重裝置之構件，在不妨礙船舶安全操作下，應設置圍柵、護網、蓋板或其他防護物隔離之。但各該機件之位置及構造確無妨礙工作者作業安全者，不在此限。

裝卸作業環境查詢，第 48 條規定實施船舶裝卸作業前，船方應向雇主提

供船舶裝卸設施及作業環境詢問書,預先說明及標明船舶裝卸作業有安全顧慮事項。雇主對於前項所定詢問書之記載事項,認有影響裝卸作業安全之虞者,應要求船方即採必要改善措施;必要時,報請港口管理機關(構)責成船方改善後,再行作業。

對於碼頭作業時的人員防護,第 66 條規定雇主於從事碼頭裝卸作業時,應依其作業之危害性質,使勞工戴用安全帽、使用安全帶、穿著反光背心或選用其他必要個人防護具或防護衣物,以防止作業引起之危害。

17.3 各項災害應變

商港的意外事件主要是極端氣候變化、人為事故所造成的船舶海難事件,後續造成商港區域內外之船舶擱淺、港區污染、打撈等災害應變處理,分別由航政及海巡機關督導處理。

交通部航港局辦事細則其第 10-1 條規定港務組掌理事項如下:

一、商港港埠業監理業務之督導。

二、國內商港(不包括金門縣及連江縣國內商港)之經營及管理。

三、商港服務費之收取。

四、商港自由貿易港區管理機關應辦理事項之執行及督導。

五、港口設施保全之督導。

六、港區污染防治之督導。

七、商港公有公共基礎設施之建設管理。

八、港務管理相關法規制（訂）定、修正或廢止之研議及擬訂。

九、各港災害防救業務之督導。

十、其他有關港務事務之處理。

其第 10-1 條規定航安組掌理事項如下：

一、燈塔與助航設施之設置、維護及管理。

二、航行安全相關法規制（訂）定、修正或廢止之研議及擬訂。

三、航行安全策略之規劃及研擬。

四、航船布告。

五、引水業務之監督及管理。

六、海難救護業務之監督及管理。

七、打撈業務之監督及管理。

八、海事案件之處理及統計分析。

九、海事評議事項之處理及評議會議召開。

十、其他有關航安等事務之處理及督導。

其第 16 條規定各航務中心掌理事項如下：

一、航業監理業務之執行。

二、船員服務手冊、適任證書之核發、換發、補發作業及船員監理業
　　務之執行。

三、船舶檢查、丈量、註冊、登記、載重線勘劃業務之執行。

四、海事案件之調查處理、打撈業務及海難救護業務之管理。

五、引水業務及引水人管理。

六、航路標誌管理及維護之執行。

七、商港公有公共基礎設施之維護及管理。

八、自由貿易港區管理機關應辦理事項之執行。

九、港區污染防治之管理。

十、其他有關航政及港政事務之執行。

　　海洋的海難及災害事項，行政院海洋委員會民國 107 年 4 月 28 日成立）海巡署處務規程，其第 6 條規定巡防組掌理事項如下：

一、海洋權益維護之規劃及督導。

二、海事安全維護之規劃及督導。

三、海域與海岸巡防政策、勤務之規劃及督導。

四、入出港船舶或其他水上運輸工具與通商口岸人員安全檢查事項之規劃及督導。

五、海岸管制區安全維護事項之規劃及督導。

六、海域與海岸反恐怖活動、本署人員。

七、駐地整體安全防護之規劃及督導。

八、海域與海岸狀況之初步應變、指導、處理、管制及本署內外機關（構）單位之通報。

九、本署與各分署勤務單位、人員之指揮、管制、跨轄區勤務協調統合及勤務指揮中心執勤規範、狀況通報機制之策訂。

十、海巡雷情系統、海情系統運用與海巡報案專線一一八之規劃、督

導及考核。

十一、其他有關巡防事項。

　　海洋委員會海洋保育署處務規程，其第 7 條規定其海洋環境管理組掌理事項如下：

一、海洋生物棲地保護政策之整合、規劃、協調及執行。

二、海洋污染防治政策之整合、規劃、協調及執行。

三、海洋保護區域劃設政策之整合、規劃、協調及推動。

四、海洋水質改善策略之擬訂、整合、協調及執行。

五、海洋環境管理法規制（訂）定、修正、廢止及解釋之研擬。

六、重大海洋污染事件之應變、協調及督導。

七、海洋環境監測與預警作業之研擬、規劃、協調及執行。

八、其他有關海洋環境管理事項。

　　另商港法第 41 條規定，商港經營事業機構、航港局或指定機關應擬訂災害防救業務計畫，報請主管機關核定之。前項計畫應定期檢討，必要時，得隨時為之。商港區域內發生災害或緊急事故時，商港經營事業機構、航港局或指定機關得動員商港區域內各公民營事業機構之人員及裝備，並應配合有關機關之指揮及處理。商港區域內各公民營事業機構應配合商港經營事業機構、航港局或指定機關實施災害防救演習及訓練。

　　此外，近年兩岸海上直航船舶活動頻繁，為實現海峽兩岸海上客貨直接運輸，促進經貿交流，便利人民往來，財團法人海峽交流基金

會與海峽兩岸關係協會就兩岸海運直航事宜，經平等協商，達成協議於民國 97 年 11 月 04 日簽訂「海峽兩岸海運協議」，其中協議的第七點海難救助：雙方積極推動海上搜救、打撈機構的合作，建立搜救聯繫合作機制，共同保障海上航行和人身、財產、環境安全。發生海難事故，雙方應及時通報，並按照就近、就便原則及時實施救助。

有用的參考資源

中華民國交通部

https://www.motc.gov.tw/ch/index.jsp

中華民國輪船商業同業公會全國聯合會

http://www.nacs.org.tw/

中信造船集團

http://www.jongshyn.com/

全國法規資料庫

https://law.moj.gov.tw/index.aspx

交通部航港局

https://www.motcmpb.gov.tw/

台灣造船股份有限公司

http://www.csbcnet.com.tw

台北市海運承攬運送商業同業公會

http://www.iofflat.com.tw/

海洋委員會海巡署

https://www.cga.gov.tw/GipOpen/wSite/mp?mp=999

海岸巡防機關執行海上救難作業程序

http://www.cga.gov.tw/wralawgip/cp.jsp?displayLaw=true&lawId=8a8aadb

5250fbb61012510923aeb0048

經濟部工業局麥寮工業專用港管理小組

https://www.moeaidb.gov.tw/iphw/mlharb/

經濟部工業局和平工業專用港管理小組

https://www.moeaidb.gov.tw/iphw/hpharb/

VII 航港名詞

港口作業時是以各式船舶、貨物（櫃）、船員旅客為服務對象，主要涉及海運、商港及關務作業等，相關機關在制定頒佈法規時對使用名詞有明確定義，故蒐錄常用相關法規內之名詞，供航港從業人員在實務工作上參考使用。

附錄1 常用海運法規名詞

1. **航業法**（中華民國一百零三年一月二十二日總統華總一義字第 10300009371 號令增訂公布第 60-1 條條文）

第 2 條 　本法所用名詞，定義如下：

一、**航業**：指以船舶運送、船務代理、海運承攬運送、貨櫃集散站經營等為營業之事業。

二、**船舶運送業**：指以總噸位二十以上之動力船舶，或總噸位五十以上之非動力船舶從事客貨運送而受報酬為營業之事業。

三、**船務代理業**：指受船舶運送業或其他有權委託人之委託，在約定授權範圍內，以委託人名義代為處理船舶客貨運送及其有關業務而受報酬為營業之事業。

四、**海運承攬運送業**：指以自己之名義，為他人之計算，使船舶運送業運送貨物而受報酬為營業之事業。

五、**貨櫃集散站經營業**：指提供貨櫃、櫃裝貨物集散之場地及設備，以貨櫃、櫃裝貨物集散而受報酬為營業之事業。

六、**航線**：指以船舶經營客貨運送所航行之路線。

七、**國內航線**：指以船舶航行於本國港口間或特定水域內，經營客貨運送之路線。

八、**國際航線**：指以船舶航行於本國港口與外國港口間或外國港口間，經營客貨運送之路線。

九、**固定航線**：指利用船舶航行於港口間或特定水域內，具有固定航班，經營客貨運送之路線。

十、**國際聯營組織**：指船舶運送業間，就其國際航線之經營，協商運費、票價、運量、租傭艙位或其他與該航線經營有關事項之國際常設組織或非常設之聯盟。

十一、**國際航運協議**：指國際聯營組織為規範營運者間之相互關係、運送作業、收費、聯運及配貨等事項而訂立之約定。

十二、**私人武裝保全人員**：指經營中華民國籍船舶之船舶運送業所僱用外國籍私人海事保全公司提供持有或使用槍砲、彈藥、刀械之人員。

2. 船舶法（中華民國一百零七年十一月二十八日總統華總一經字第 10700129031 號令修正公布第 3、4、11、16、20、21、23～25、28、30、31、33、34、37、57、58、60、61、63、65、66、68～72、78、81～83、89～95、97、98、100 條條文；增訂第 15-1、28-1～28-3、30-1、34-1、101-1 條條文；並刪除第 38、54 條條文）

第 3 條　本法用詞，定義如下：

一、**船舶**：指裝載人員或貨物在水面或水中且可移動之水上載具，包含客船、貨船、漁船、特種用途船、遊艇及小船。

二、**客船**：指非小船且乘客定額超過十二人，主要以運送乘客為目的之船舶。

三、**貨船**：指非客船或小船，以載運貨物為目的之船舶。

四、**特種用途船**：指從事特定任務之船舶。

五、**遊艇**：指專供娛樂，不以從事客、貨運送或漁業為目的，以機械為主動力或輔助動力之船舶。

六、**自用遊艇**：指專供船舶所有人自用或無償借予他人從事娛樂活動之遊艇。

七、**非自用遊艇**：指整船出租或以其他有償方式提供可得特定之人，從事娛樂活動之遊艇。

八、**小船**：指總噸位未滿五十之非動力船舶，或總噸位未滿二十之動力船舶。

九、**載客小船**：指主要以運送乘客為目的之小船。

十、**乘員**：指船上全部搭載之人員。

十一、**乘客**：指下列以外在船上之人員：

　　　(一) 船長、駕駛、引水人及其他受僱用由船長或駕駛指揮服務於船上之人員。

　　　(二) 船長或駕駛有義務救助之遇難人員。

　　　(三) 非法上船之人員。

　　　(四) 在船上執行公權力或公務之人員。

　　　(五) 非以載客營利為目的，經航政機關核准上船之船東代表、

　　船舶維修、檢驗、押貨等人員或離島地區非提供載客用
　　途船舶之附搭人員。

(六) 特種人員。

十二、**特種人員**：指在特種用途船上執行與該船舶有關之特種人員，
　　不包括乘客、船員及執行公權力之海岸巡防機關人員。

十三、**豁免**：指船舶因特殊情況，主管機關或航政機關於符合安全條
　　件或措施下，得免除適用本法之規定。

十四、**等效**：指主管機關或航政機關得准許船舶採用經試驗或其他方
　　法確定性能之材料、裝具、設備或零組件等，其功效應與相關
　　規定要求程度同等有效。

3.**船員法**（中華民國一百零三年十二月二十四日總統華總一義字
　　第 10300194151 號令修正公布第 4、7～13、15、17、21、25、
　　27～29、31、50、51、53、57、60、66、70-1～72、75-1、75-4～
　　75-6、82、84、87、89～9 條條文；增訂第 84-8 條文；並刪除第
　　30、86 條條文）

第 2 條　　本法用詞，定義如下：

一、**船舶**：指在水面或水中供航行之船舶。

二、**遊艇**：指專供娛樂，不以從事客、貨運送或漁業為目的，以機械
　　為主動力或輔助動力之船舶。

三、**動力小船**：指裝有機械用以航行，且總噸位未滿二十之動力船舶。

四、**僱用人**：指船舶所有權人及其他有權僱用船員之人。

五、**船員**：指船長及海員。

六、**船長**：指受雇用人僱用，主管船舶一切事務之人員。

七、**海員**：指受雇用人僱用，由船長指揮服務於船舶上之人員。

八、**甲級船員**：指持有主管機關核發適任證書之航行員、輪機員、船舶電信人員及其他經主管機關認可之船員。

九、**乙級船員**：指甲級船員以外經主管機關認可之船員。

十、**實習生**：指上船實習甲級船員職務之人員。

十一、**見習生**：指上船見習乙級船員職務之人員。

十二、**薪資**：指船員於正常工作時間內所獲得之報酬。

十三、**津貼**：指船員薪資以外之航行補貼、固定加班費及其他名義之經常性給付。

十四、**薪津**：包括薪資及津貼，薪資應占薪津總數額百分之五十以上。

十五、**特別獎金**：包括特別工作而獲得之報酬、非固定加班費、年終獎金及因雇用人營運上獲利而發給之獎金。

十六、**平均薪資**：指船員在船最後三個月薪資總額除以三所得之數額；工作未滿三個月者，以工作期間所得薪資總額除以工作期間總日數，乘以三十所得之數額。

十七、**平均薪津**：指船員在船最後三個月薪資及津貼總額除以三所得之數額；工作未滿三個月者，以工作期間所得薪資及津貼總額除以工作期間總日數，乘以三十所得之數額。

十八、**遊艇駕駛**：指駕駛遊艇之人員。

十九、**動力小船駕駛**：指駕駛動力小船之人員。

二十、**助手**：指隨船協助遊艇或動力小船駕駛處理相關事務之人員。

4. **商港服務費收取保管及運用辦法**（中華民國一百零一年三月一日交通部交航字第 10150027191 號令修正發布全文 17 條；並自一百零一年三月一日施行）

第 2 條　航港局應就入港之船舶、離境之上下客船旅客及裝卸之貨物，依本辦法之規定，收取**商港服務費**。但下列商港，免予收取：

一、依離島建設條例由中央政府或離島建設基金編列預算興建者。

二、公私事業機構自行投資興建者。

第 3 條　商港服務費之收費項目，分為船舶、旅客、貨物三項，其繳納義務人分別為船舶運送業、離境旅客、貨物託運人。

貨櫃集散站經營業管理規則（中華民國一百零五年八月二日交通部交航字第 10550096921 號令修正發布第 2、4、8、9 條條文）

第 2 條　**貨櫃集散站經營業**經營業務為貨櫃、櫃裝貨物之儲存、裝櫃、拆櫃、裝車、卸車及貨櫃貨物之集中、分散。

貨櫃集散站經營業得兼營下列業務：

一、進口、出口、轉口與保稅倉庫。

二、其他經主管機關核准與貨櫃集散站有關之業務。

第 3 條　貨櫃集散站經營業，依其場站所在位置分類如下：

一、**港口貨櫃集散站**：係設於港區範圍內之貨櫃集散站。

二、**內陸貨櫃集散站**：係設於港區以外內陸地區之貨櫃集散站。

5. 船舶貨物裝卸承攬業及船舶理貨業管理規則（中華民國一百零六年六月二十三日交通部交航字第 10650085671 號令修正發布第 11 條條文）

第 2 條　本規則所用名詞定義如下：

一、**機械化一貫作業專用碼頭**：指船舶與後線倉棧（含堆貨場）間之貨物裝卸作業，均由自動化機械設備操作完成，全程貨物不落地之專用碼頭。

二、**棧埠作業機構**：指經營貨物裝卸、倉儲或服務旅客之公民營事業機構。

三、**委託人**：指委託棧埠作業機構作業之船舶所有人、運送人、貨物託運人或受貨人等。

6. 遊艇管理規則（中華民國一百零七年七月十三日交通部交航字第 10750091161 號令修正發布第 8、9、19、20、29、30、33、40 條條文及第 6 條條文之附件一、第 42 條條文之附件六）

第 2 條　本規則用詞，定義如下：

一、**動力帆船**：指船底具有壓艙龍骨，以風力為主要推進動力，並以機械為輔助動力之遊艇。

二、**整船出租之遊艇**：指遊艇業者所擁有，提供具備遊艇駕駛資格之承租人進行遊艇娛樂活動之遊艇。

三、**俱樂部型態遊艇**：指社團法人所擁有，只提供會員使用之遊艇。

四、**驗證機構**：指財團法人中國驗船中心及其他具備遊艇適航性認證能力且經主管機關認可並公告之國內外機構。

7. 遊艇與動力小船駕駛管理規則（中華民國一百零七年三月二十八日交通部交航（一）字第 10798000561 號令修正發布全文 37 條；並自發布日施行）

第 2 條　本規則用詞定義如下：

一、**遊艇駕駛執照**：指駕駛遊艇之許可憑證。

二、**自用動力小船駕駛執照**：指駕駛自用動力小船之許可憑證。

三、**營業用動力小船駕駛執照**：指駕駛營業用動力小船之許可憑證。

四、**一等遊艇駕駛**：指持有一等遊艇駕駛執照，駕駛全長二十四公尺以上遊艇之人員。

五、**二等遊艇駕駛**：指持有二等遊艇駕駛執照，駕駛全長未滿二十四公尺遊艇之人員。

六、**營業用動力小船駕駛**：指持有營業用動力小船駕駛執照，以從事客貨運送而受報酬為營業之動力小船駕駛。

七、**二等遊艇與自用動力小船駕駛學習證**：指遊艇與動力小船學習駕駛之許可憑證。

八、**遊艇與動力小船駕駛訓練機構**：指經主管機關許可之遊艇與動力小船駕駛訓練機構。

8. **小船管理規則**（中華民國一百零五年四月二十一日交通部交航字第 10550048281 號令修正發布第 9、13、15、16、23 條條文及第 18 條條文之附件一、第 20 條條文之附件二；增訂第 3-1 條條文；刪除第 11、19 條條文）

第 2 條　本規則所稱小船，指總噸位未滿五十之非動力船舶，或總噸位未滿二十之動力船舶。非動力船舶裝有可移動之推進機械者，視同動力船舶。

附錄2　常用港埠法規名詞

1. 商港法（中華民國一百年十二月二十八日總統華總一義字第 10000293541 號令修正公布全文 76 條；施行日期，由行政院定之）

第 2 條　本法之主管機關為交通及建設部。

商港之經營及管理組織如下：

一、**國際商港**：由主管機關設國營事業機構經營及管理；管理事項涉及公權力部分，由交通及建設部航港局（以下簡稱航港局）辦理。

二、**國內商港**：由航港局或行政院指定之機關（以下簡稱指定機關）經營及管理。

第 3 條　本法用詞，定義如下：

一、**商港**：指通商船舶出入之港。

二、**國際商港**：指准許中華民國船舶及非中華民國通商船舶出入之港。

三、**國內商港**：指非中華民國船舶，除經主管機關特許或為避難得准其出入外，僅許中華民國船舶出入之港。

四、**商港區域**：指劃定商港界限以內之水域與為商港建設、開發及營運所必需之陸上地區。

五、**商港設施**：指在商港區域內，為便利船舶出入、停泊、貨物裝卸、倉儲、駁運作業、服務旅客、港埠觀光、從事自由貿易港區業務

之水面、陸上、海底及其他之一切有關設施。

六、**專業區**：指在商港區域內劃定範圍，供漁業、工業及其他特定用途之區域。

七、**商港管制區**：指商港區域內由航港局劃定，人員及車輛進出須接受管制之區域。

八、**船席**：指碼頭、浮筒或其他繫船設施，供船舶停靠之水域。

九、**錨地**：指供船舶拋錨之水域。

十、**危險物品**：指依聯合國國際海事組織所定國際海運危險品準則指定之物質。

十一、**船舶貨物裝卸承攬業**：指於商港區域內利用管道以外方式，提供機具設備及勞務服務，完成船舶貨物裝卸、搬運工作而受報酬之事業。

十二、**船舶理貨業**：指經營船舶裝卸貨物之計數、點交、點收、看艙或貨物整理而受報酬之事業。

十三、**商港經營事業機構**：指依第二條第二項第一款由主管機關設置之國營事業機構。

2. 商港港務管理規則（中華民國一百零七年十一月二十二日交通部交航字第 10750156411 號令修正發布第 3、20、31、33、35、37、38、42、43、54 條條文增訂第 9-1、29-1 條條文；刪除第 30、41 條條文；並自發布日施行，但第 3 條第 2 項、第 20 條第 9 款之施行日期，由交通部定之）

第 2 條　本規則所用名詞定義如下：

一、**棧埠作業機構**：指經營船舶貨物裝卸、倉儲或服務旅客之公民營
　　事業機構。

二、**委託人**：指委託棧埠作業機構作業之船舶所有人、運送人、貨物
　　託運人或受貨人等。

3. **臺灣港務股份有限公司盈餘提撥及分配辦法**（中華民國一百
　　零二年二月十九日交通部交會字第 10200040372 號令訂定發布全
　　文 8 條；並自發布日施行）

第 2 條　本辦法用詞，定義如下：

一、**貨物裝卸量**：指當年度裝卸散雜貨及貨櫃貨計費噸之合計數。

二、**自由貿易港區貿易值**：指當年度自由貿易港區事業運入及運出貨
　　物價值之合計數。

三、**旅客人數**：指當年度進、出國際及國內航線人數之合計數。

4. **公民營事業機構投資興建或租賃經營商港設施作業辦法**（中
　　華民國一百零四年一月五日交通部交航字第 10350171692 號令增
　　訂發布第 16-1 條條文）

第 2 條　各項商港設施提供公民營事業機構投資興建或租賃經營（以
下簡稱投資經營）者，商港經營事業機構（以下簡稱經營機構）得自
行規劃辦理或由公民營事業機構提出申請。

經營機構得依商港經營發展需要及案件性質採下列方式辦理前項業

務：

一、**綜合評選**：指經營機構擬訂評選項目、基準與權重等相關事項，
　　透過公開程序甄選公民營事業機構投資經營商港設施之方式。

二、**單項評比**：指經營機構擬訂單一評比項目及基準，透過公開程序
　　甄選公民營事業機構投資經營商港設施之方式。

三、**逕行審查**：指符合第七條之情形，經營機構得不經公開程序甄選
　　公民營事業機構投資經營商港設施方式。

第 9 條　　公民營事業機構應就契約記載之土地、設施與投資經營事
項繳交租金與管理費，經營機構得就公民事業機構使用水域計收管理
費。

前項租金及管理費項目及基準如下：

一、**租金**：

　　(一) 土地租金：依商港區域土地使用費實施方案計收，未依該方
　　　　案訂定港區土地使用區分之土地，以申報地價按年租金率計
　　　　算之。

　　(二) 設施租金：包含碼頭、建物及設備等項目，依其建造成本按
　　　　年租金率計算之。

二、**管理費**：依公民營事業機構投資經營業務項目性質，按承租面積、
　　使用範圍、營業額、前款租金總額、營運實績、營業規模及保證
　　運量等事項計收。

5. **碼頭裝卸安全衛生設施標準**（中華民國一百零三年九月五日勞動部勞職授字第 10302010261 號令、交通部交航字第 10300254371 號令會銜修正發布第 1～3、7、10～12、17、19、21、24、26、36、37、40～42、46、49、55、56、58～60、63、64、66、67 條條文：增訂第 67-1 條條文）

第 2 條　本標準所稱港口管理機關（構）如下：

一、**商港**：交通部所設國營事業機構、交通部航港局或行政院指定機關。

二、**工業專用港**：經濟部核准投資興建及經營管理工業專用港之公民營事業機構。

第 3 條　本標準用詞，定義如下：

一、**裝卸作業**：指在港區之船上或陸上從事貨物之裝卸、搬運及處理等作業。

二、**艙口**：指船舶甲板上為裝卸或供人員進出之開口。

三、**貨艙**：指自露天甲板至艙底甲板之全部載貨空間。

四、**裝卸機具**：指用於裝卸之起重機、堆高機、吸穀機、挖掘機、推貨機、抓斗、側載機、跨載機、拖車、卡車、電動搬運車、貨櫃裝卸機、絞盤、起卸機、鏟裝機、散裝輸送機、吸取機、門式移載機、人字臂起重桿及其他供貨物裝卸有關之機具。

五、**貨方**：指貨物之託運人、受貨人或其代理人。

六、**船方**：指船舶所有人、運送人、船長或其代理人。

七、碼頭經營者：指與港口管理機關（構）以約定興建、租賃或依促進民間參與公共建設法等方式，取得碼頭設施經營權之公民營事業機構。

6. **自由貿易港區管理設置條例**（中華民國一百零八年一月十六日總統華總一經字第 10800004521 號令修正公布第 29 條條文）

第 3 條　本條例用詞定義如下：

一、自由港區：指經行政院核定於國際航空站、國際港口管制區域內；或毗鄰地區劃設管制範圍；或與國際航空站、國際港口管制區域間，能運用科技設施進行周延之貨況追蹤系統，並經行政院核定設置管制區域進行國內外商務活動之區域。

二、自由港區事業：指經核准在自由港區內從事貿易、倉儲、物流、貨櫃（物）之集散、轉口、轉運、承攬運送、報關服務、組裝、重整、包裝、修理、裝配、加工、製造、檢驗、測試、展覽或技術服務之事業。

三、自由港區事業以外之事業：指金融、裝卸、餐飲、旅館、商業會議、交通轉運及其他前款以外經核准在自由港區營運之事業。

四、商務人士：指為接洽商業或處理事務需進入自由港區內之人士。

五、毗鄰：指下列情形之一者：

(一) 與國際航空站、國際港口管制區域土地相連接寬度達三十公尺以上。

(二) 土地與國際航空站、國際港口管制區域間有道路、水路分隔，仍可形成管制區域。

(三) 土地與國際航空站、國際港口管制區域間得闢設長度一公里以內之專屬道路。

六、**國際港口**：指國際商港或經核定准許中華民國船舶及外國通商船舶出入之工業專用港。

7. 航空站商港或工業專用港加儲油加儲氣設施設置管理規則（中華民國九十年十二月二十六日經濟部 (90) 經能字第09004628110 號令、交通部 (90) 交航發字第 00093 號令會銜訂定發布全文 14 條：並自發布日起施行）

第 2 條　本規則所稱加儲油（氣）設施，係指備有儲油（氣）槽、輸油（氣）管線及流量式加油（氣）機，於航空站、商港或工業專用港特定區域內，專為航空器、地勤作業車輛、船舶或港區機具設施加注燃料之設施。

前項特定區域內，為一般車輛或漁船加注燃料者，應依加油站設置管理規則、加氣站設置管理規則或漁船加油站設置管理規則之規定辦理。

8. 災害防救法（中華民國一百零八年五月二十二日總統華總一義字第 10800050771 號令修正公布第 41 條條文）

第 2 條　本法專用名詞，定義如下：

一、**災害**：指下列災難所造成之禍害：

(一) 風災、水災、震災（含土壤液化）、旱災、寒害、土石流災害、火山災害等天然災害。

(二) 火災、爆炸、公用氣體與油料管線、輸電線路災害、礦災、空難、海難、陸上交通事故、森林火災、毒性化學物質災害、生物病原災害、動植物疫災、輻射災害、工業管線災害、懸浮微粒物質災害等災害。

二、災害防救：指災害之預防、災害發生時之應變及災後之復原重建等措施。

三、災害防救計畫：指災害防救基本計畫、災害防救業務計畫及地區災害防救計畫。

四、災害防救基本計畫：指由中央災害防救會報核定之全國性災害防救計畫。

五、災害防救業務計畫：指由中央災害防救業務主管機關及公共事業就其掌理業務或事務擬訂之災害防救計畫。

六、地區災害防救計畫：指由直轄市、縣（市）及鄉（鎮、市）災害防救會報核定之直轄市、縣（市）及鄉（鎮、市）災害防救計畫。

9. 災害防救法施行細則（中華民國一百零七年四月十九日內政部台內消字第 1070821704 號令修正發布第 2 條條文）

第 2 條　本法第二條第一款第二目所定火災以外之各類災害，其定義如下：

一、**爆炸**：指壓力急速產生，並釋放至周圍壓力較低之環境，或因氣體急速膨脹，擠壓周圍之空氣或與容器壁摩擦，造成災害者。

二、**公用氣體與油料管線災害**：指天然氣事業或石油業之管線，因事故發生，造成安全危害或環境污染者。

三、**輸電線路災害**：指輸電之線路或設備受損，無法正常供輸電力，造成災害者。

四、**礦災**：指地下礦場、露天礦場、石油天然氣礦場（含海上探勘、生產作業）等各類礦場及礦業權持續中之廢棄礦坑或捨石場，發生落磐、埋沒、土石崩塌、一氧化碳中毒或窒息、瓦斯或煤塵爆炸、氣體突出、石油或天然氣洩漏、噴井、搬運事故、機電事故、炸藥事故、水災、火災等，造成人員生命及財產損害者。

五、**空難**：指航空器運作中所發生之事故，造成人員傷亡、失蹤或財物損失，或航空器遭受損害或失蹤者。

六、**海難**：指船舶發生故障、沉沒、擱淺、碰撞、失火、爆炸或其他有關船舶、貨載、船員或旅客非常事故者。

七、**陸上交通事故**：指鐵路、公路及大眾捷運等運輸系統，發生行車事故，或因天然、人為等因素，造成設施損害，致影響行車安全或導致交通陷於停頓者。

八、**森林火災**：指火災發生於國有、公有或私有林地，造成林木損害或影響森林生態系組成及運作者。

九、**毒性化學物質災害**：指因毒性化學物質事故，造成安全危害或環

境污染者。

十、生物病原災害：指傳染病發生流行疫情，且對國家安全、社會經濟、人民健康造成重大危害，對區域醫療資源產生嚴重負荷者。

十一、動植物疫災：指因動物傳染病或植物疫病蟲害之發生、蔓延，造成災害者。

十二、輻射災害：指因輻射源或輻射作業過程中，或因天然、人為等因素，產生輻射意外事故，造成人員輻射曝露之安全危害或環境污染者。

十三、工業管線災害：指輸出端廠場與接收端廠場間，於相關法令設立、管理之園區範圍外經由第三地地下工業管線輸送工廠危險物品申報辦法之危險物品，因事故發生，造成安全危害或環境污染等第二款以外之災害者。

十四、懸浮微粒物質災害：指因事故或氣象因素使懸浮微粒物質大量產生或大氣濃度升高，空氣品質達一級嚴重惡化或造成人民健康重大危害者。

10. **職業安全衛生法**（中華民國一百零八年五月十五日總統華總一義字第 10800049111 號令修正公布第 3、6 條條文；施行日期，由行政院定之）

第 2 條　本法用詞，定義如下：

一、**工作者**：指勞工、自營作業者及其他受工作場所負責人指揮或監

督從事勞動之人員。

二、**勞工**：指受僱從事工作獲致工資者。

三、**僱主**：指事業主或事業之經營負責人。

四、**事業單位**：指本法適用範圍內僱用勞工從事工作之機構。

五、**職業災害**：指因勞動場所之建築物、機械、設備、原料、材料、
　　化學品、氣體、蒸氣、粉塵等或作業活動及其他職業上原因引起
　　之工作者疾病、傷害、失能或死亡。

11. **工業專用港或工業專用碼頭規劃興建經營管理辦法**（中華民
　　國一百零四年八月十三日經濟部經工字第 10404603530 號令、
　　交通部交航字第 10400238121 號令會銜修正發布第 25 條條文）

第 3 條　　本辦法所用名詞，定義如下：

一、**工業專用港**：指由中央主管機關自行興建及經營管理，或經中央
　　主管機關核准由公民營事業投資興建及經營管理，供該產業園區
　　內使用之港埠設施。

二、**工業專用碼頭**：指經中央主管機關自行興建及經營管理，或經中
　　央主管機關核准由公民營事業投資興建及經營管理，供該產業園
　　區內使用之碼頭設施。

三、**專用碼頭**：指經中央主管機關核准，由產業園區內興辦工業人於
　　承租之工業專用港內碼頭用地興建及自行使用之碼頭設施。

四、**工業專用港或工業專用碼頭區域**：指劃定工業專用港或工業專用

碼頭界限以內之水域及爲工業專用港或工業專用碼頭開發、建設、經營與管理所必需之陸域。

五、公民營事業：指依本辦法投資興建及經營管理工業專用港或工業專用碼頭，並依公司法設立，其營業項目具有工業專用港或工業專用碼頭經營業務，實收資本額在新臺幣一億五千萬元以上之股份有限公司。

六、棧埠作業機構：指工業專用港或工業專用碼頭區域內，從事棧埠作業之公民營事業或興辦工業人。

七、委託人：指委託工業專用港或工業專用碼頭棧埠作業機構作業之船舶所有人、運送人、貨物託運人、受貨人或其代理人。

八、危險物品：指依國際危險品海運準則分類及定義具危險性之物品。

12. **海洋污染防治法**（中華民國一百零三年六月四日總統華總一義字第 10300085201 號令修正公布第 13、33 條條文）

第 3 條　本法專用名詞定義如下：

一、有害物質：指依聯合國國際海事組織所定國際海運危險品準則所指定之物質。

二、海洋環境品質標準：指基於國家整體海洋環境保護目的所定之目標值。

三、海洋環境管制標準：指爲達成海洋環境品質標準所定分區、分階段之目標值。

四、**海域工程**：指在前條第一項所定範圍內，從事之探勘、開採、輸送、興建、敷設、修繕、抽砂、浚渫、打撈、掩埋、填土、發電或其他工程。

五、**油**：指原油、重油、潤滑油、輕油、煤油、揮發油或其他經中央主管機關公告之油及含油之混合物。

六、**排洩**：指排放、溢出、洩漏廢（污）水、油、廢棄物、有害物質或其他經中央主管機關公告之物質。

七、**海洋棄置**：指海洋實驗之投棄或利用船舶、航空器、海洋設施或其他設施，運送物質至海上傾倒、排洩或處置。

八、**海洋設施**：指海域工程所設置之固定人工結構物。

九、**海上焚化**：指利用船舶或海洋設施焚化油或其他物質。

十、**污染行為**：指直接或間接將物質或能量引入海洋環境，致造成或可能造成人體、財產、天然資源或自然生態損害之行為。

十一、**污染行為人**：指造成污染行為之自然人、公私場所之負責人、管理人及代表人；於船舶及航空器時為所有權人、承租人、經理人及營運人等。

附錄3　常用關務法規名詞

1. 關稅法（中華民國一百零七年五月九日總統華總一義字第 10700049161 號令修正公布第 17、84、96 條條文）

第 2 條　本法所稱**關稅**，指對國外進口貨物所課徵之進口稅。

2. 關稅法施行細則（中華民國一百零七年八月三十一日財政部台財關字第 1071019382 號令修正發布第 54 條條文）

第 3 條　本法第六條之收貨人、提貨單持有人及貨物持有人，定義如下：

一、**收貨人**：指提貨單或進口艙單記載之收貨人。

二、**提貨單持有人**：指因向收貨人受讓提貨單所載貨物而持有貨物提貨單，或因受收貨人或受讓人委託而以自己名義向海關申報進口之人。

三、**貨物持有人**：指持有應稅未稅貨物之人，如本法第五十五條第一項及第三項所定之貨物持有人或受讓人等。

3. 海關緝私條例（中華民國一百零七年五月九日總統華總一義字第 10700049171 號令修正公布第 23～28、31、35～37、39-1、40、42、43、53 條條文；增訂第 45-3、45-4 條條文；並刪除第 29、30、32～34、41、52 條條文）

第 2 條　本條例稱**通商口岸**，謂經政府開放對外貿易，並設有海關之港口、機場或商埠。

第 3 條　本條例稱**私運貨物進口、出口**，謂規避檢查、偷漏關稅或逃避管制，未經向海關申報而運輸貨物進、出國境。但船舶清倉廢品，經報關查驗照章完稅者，不在此限。

第 4 條　本條例稱**報運貨物進口、出口**，謂依關稅法及有關法令規定，向海關申報貨物，經由通商口岸進口或出門。

4. 報關業設置管理辦法（中華民國一百零八年五月八日財政部台財關字第 10810092903 號令修正發布第 37～39 條條文）

第 2 條　本辦法所稱之報關業，指經營受託辦理進、出口貨物報關納稅等業務之營利事業。

本辦法所稱之報關業員工，包括報關業負責人。

5. 保稅倉庫設立及管理辦法（中華民國一百零六年五月二十六日財政部台財關字第 1061010989 號令修正發布第 55～59 條條文）

第 2 條　經海關核准登記供存儲保稅貨物之倉庫為**保稅倉庫**，其設立及管理，依本辦法規定辦理。本辦法未規定者，適用其他相關法令之規定。

申請登記為完全存儲自行進口保稅貨物、自行向國內採購保稅貨物、供重整用貨物、供免稅商店或離島免稅購物商店銷售用貨物之保稅倉庫，為**自用保稅倉庫**，不得存儲非自己所有之貨物。

6. 海關管理保稅運貨工具辦法（中華民國一百零七年八月十三日財政部台財關字第 1071017939 號令修正發布第 4、8 條條文）

第 2 條　本辦法所稱保稅運貨工具指依本辦法規定向海關登記之下列運貨工具：

一、保稅卡車：指專供國內載運保稅貨物之卡車。

二、保稅貨箱：指專供國內裝運保稅貨物之貨箱。

三、駁船：指在海運之通商口岸內專供駁載保稅貨物之船舶。其屬一般貨駁者，載重量不得少於二十噸；其屬油駁者，載重量不得少於二百噸。

前項各種保稅運貨工具應具備堅固之構造與嚴密之封閉及加鎖設備，油駁船上並應裝置準確之計量儀器，以憑計算注入或提出油量，其艙間為方便存油，可分隔成若干艙間。

第 3 條　本辦法所稱**保稅貨物**指未經海關放行之進口貨物，業經海關驗封之出口貨物與轉口貨物及其他應受海關監管之貨物。

7. 海關管理貨櫃集散站辦法（中華民國一百零七年十一月六日財政部台財關字第 1071024589 號令修正發布第 4、10-1、12、27 條條文；並增訂第 7-1～7-3 條條文）

第 2 條　本辦法所稱**貨櫃**，指供裝運進出口貨物或轉運、轉口貨物特備之容器，其構造與規格及應有之標誌與號碼，悉依國際貨櫃報關公約之規定。

貨櫃內裝有貨物者，稱**實貨櫃**；未裝有貨物者，稱**空貨櫃**；實貨櫃內所裝運之進口、轉運、轉口貨物如屬同一收貨人，或出口、轉口貨物如屬同一發貨人者，為**整裝貨櫃**；其進口、轉運、轉口貨物如屬不同一收貨人或出口、轉口貨物不屬同一發貨人者，為**合裝貨櫃**。

前項所稱同一收貨人，應以進口貨物艙單記載者為準；所稱同一發貨人，應以出口貨物艙單記載者為準。

本辦法所稱**貨櫃集散站**（以下簡稱集散站）指經海關完成登記專供貨櫃及櫃裝貨物集散倉儲之場地。

本辦法所稱**多國貨櫃（物）集併通關作業**，指海運載運入境之貨櫃（物），進儲海關核准之集散站轉口倉庫或轉口倉間，在未改變該貨物之原包裝型態（不拆及包件），辦理併櫃作業及申報轉運出口之通關程序。

8. 物流中心貨物通關辦法（中華民國一百零六年五月十九日財政部台財關字第 1061010391 號令修正發布第 4、24～27 條條文）

第 3 條　　本辦法所稱**物流中心**，指經海關核准登記以主要經營保稅貨物倉儲、轉運及配送業務之保稅場所。

物流中心得經海關核准，於不同地址另設分支物流中心。各分支物流中心除資本額外，應依本辦法有關規定辦理登記、管理及通關，並分別獨立設帳控管貨物之進出。

物流中心內得進行因物流必需之重整及簡單加工。

9. **自由貿易港區貨物通關管理辦法**（中華民國一百零五年十一月九日財政部台財關字第 1051023430 號令修正發布全文 29 條；並自發布日施行）

第 2 條　本辦法所稱**港區貨棧**，指自由貿易港區（以下簡稱自由港區）管理機關設立或經其核准設立，具有與港區門哨單位電腦連線之設備，及可供自由港區事業貨物存儲、進出區貨物查驗、拆裝盤（櫃）之場所。

10. **海關管理進出口貨棧管理辦法**（中華民國一百零七年十二月二十七日財政部台財關字第 1071028625 號令修正發布第 13-2 條條文）

第 2 條　本辦法所稱之**貨棧**，係指經海關核准登記專供存儲未完成海關放行手續之進口、出口或轉運、轉口貨物之場所。

第 4 條　依本辦法設置之貨棧，除因特殊情形，經海關核准者外，應分兩種：

一、**進口貨棧**：限存儲未完成海關放行手續之進口貨物或轉運、轉口貨物。

二、**出口貨棧**：限存儲未完成海關放行手續之出口貨物。

航空貨物集散站內設置之進出口貨棧，依本辦法規定辦理。

11. **貨物通關自動化實施辦法**（中華民國一百零七年八月二十一日財政部台財關字第 10710185102 號令修正發布第 18、19、21 條條文；並刪除第 12、20 條條文）

第 2 條　本辦法所用名詞定義如下：

一、**通關網路**：指與關港貿單一窗口（以下簡稱單一窗口）連線，提
　　供通關電子資料傳輸服務，經依通關網路經營許可及管理辦法設
　　立供營運之網路。

二、**電腦連線**：指與貨物通關有關之機關、機構、業者或個人，以電
　　腦主機、個人電腦或端末機，透過網際網路與單一窗口連線，傳
　　輸電子資料或訊息，以取代書面文件之遞送。

三、**電子資料傳輸**：指與貨物通關有關之機關、機構、業者或個人，
　　利用電腦或其他連線設備，經由通關網路透過單一窗口相互傳輸
　　訊息，以取代書面文件之遞送。

四、**連線機關**：指主管有關貨物進出口之簽審、檢疫、檢驗、關務、
　　航港、外匯或其他貿易管理，而與單一窗口電腦連線之行政機關
　　或受各該行政機關委託行使其職權之機構。

五、**連線金融機構**：指受委託代收或匯轉各項稅費、保證金或其他款
　　項，而與通關網路或單一窗口電腦連線之金融機構或經財政部指
　　定之機構。

六、**連線業者**：指以電腦連線或電子資料傳輸方式傳輸電子資料或訊
　　息，以取代書面文件遞送之報關業、承攬業、運輸業、倉儲業、
　　貨櫃集散站業、進出口業、個人或其他與通關有關業務之業者或
　　其代理人。

七、**未連線業者**：指未以電腦連線或電子資料傳輸方式傳輸電子資料

或訊息，以取代書面文件遞送之前款業者或其代理人。

八、**連線通關**：指依照規定之標準格式，以電腦連線或電子資料傳輸
　　方式辦理貨物進出口、轉運或轉口通關程序。

九、**連線申報**：指連線業者依連線通關方式依關稅法規之規定所為應
　　行辦理或提供之各種申報、申請、繳納或其他應辦事項。

十、**連線核定**：指連線之海關對於前款之連線申報所為之各種核定稅
　　費繳納證或准單之核發、補正、貨物查驗或放行之通知或其他依
　　法所為之准駁決定，經由單一窗口傳輸之各種核定信息。

十一、**線上扣繳**：指連線業者與指定之連線金融機構約定開立繳納稅
　　　費帳戶，並於連線申報時在報單上「繳稅方式」之「線上扣繳」
　　　欄填記，其應納稅費、保證金或其他款項透過電腦連線作業由
　　　該帳戶直接扣繳國庫。

十二、**連線轉接服務業者**：指按照通關網路公告之技術規範，提供相
　　　關用戶與通關網路間為連線所需之資訊轉接服務事業。

12. 海運快遞貨物通關辦法（中華民國一百零八年五月二十二日
　　財政部台財關字第 10810104953 號令修正發布第 18 條條文；並
　　增訂第 18-1 條條文）

第 3 條　　本辦法所稱**海運快遞貨物**，指在海運快遞貨物專區辦理通
關之貨物。

下列各款貨物不得在海運快遞貨物專區辦理通關：

一、屬關稅法規定不得進口之物品、管制品、侵害智慧財產權物品、
　　進口生鮮農漁畜產品、活動植物、保育類野生動植物及其產製品。

二、每件（袋）毛重逾七十公斤之貨物。

第4條　本辦法所稱**海運快遞貨物專區**（下稱專區），指供專用存儲
進出口、轉口海運快遞貨物及辦理通關之場所。

前項轉口海運快遞貨物應存放於獨立區隔之轉口區，其通關依據轉口
貨物作業相關規定辦理。

第一項專區應設置於國際通商港口之管制區內，並依海關管理貨櫃集
散站辦法或海關管理進出口貨棧辦法規定向海關申請設置，接受海關
管理。

第5條　本辦法所稱**海運快遞貨物專區業者**（下稱專區業者）指能
提供足夠區分為進口區、出口區、轉口區、查驗區、待放區、緝毒犬
及檢疫犬勤務區之面積，配置通關及查驗必要之設備，辦理海運快遞
貨物通關業務並經核准設立之貨棧業者。

第6條　本辦法所稱**海運快遞業者**，指經營承攬及遞送海運貨物快
遞業務之營利事業。

資料來源：全國法規資料庫
https://law.moj.gov.tw/index.aspx

書後語

繼前一本書出版時間擱筆約一年半有餘，在本書思考及撰寫的過程中，多次修改架構及內容，因業界及學界多有相關著作其內容豐富，後學實難以追趕，惟有作爲學習努力之標竿。爲免內容流於港埠作業程序的陳述，部分可留待他日專書再加以說明，仍盡量維持「港埠輕鬆讀」出版旨趣，介紹給讀者常用航港作業與法規名詞基礎知識。

　　過去有位長官曾提醒筆者在工作繁忙時，會較少有沉澱思考問題的前因後果，對龐雜的資訊來源可能無法去蕪存菁，如有機會應好好把握思考進修及整理思緒。

　　偶然的機緣，有這個工作空檔及五南圖書出版公司的協助下，陸續出版了「港埠輕鬆讀」系列書籍，藉機整理一下多年工作心得與家中書庫的資料（部分圖片引用自網路），在此也樂與大家分享。

　　高雄港是臺灣的第一大商港，對外經貿的重要門戶，更是世界重要的海運轉運中心之一。從臺灣原四個港務局（政府機關）整合改制為單一港務公司（國營事業）後，相關工作經驗的傳承更顯重要。

　　憶起曾在高雄港務局服務退休的父母親，更倍感高雄港寬廣的胸懷及港邊西子灣溫柔的海風，謹以此書獻給天上的父母親及家中親人；也感謝長官及同仁對本書在撰寫過程的關心與建議。

　　來日，吾當回首來時路，未曾負了少年頭。

張雅富

2019 年冬於高雄西子灣

國家圖書館出版品預行編目資料

航港作業實務／張雅富著. ——初版.——臺
北市：五南, 2020.02
　面；　公分
ISBN 978-957-763-857-1（平裝）

1.航運管理　2.港埠管理

557　　　　　　　　　　109000343

5I49

航港作業實務

作　　者 — 張雅富（214.5）

發 行 人 — 楊榮川

總 經 理 — 楊士清

總 編 輯 — 楊秀麗

主　　編 — 王正華

責任編輯 — 金明芬

封面設計 — 鄭云淨

出 版 者 — 五南圖書出版股份有限公司

地　　址：106台北市大安區和平東路二段339號4樓

電　　話：(02)2705-5066　　傳　　真：(02)2706-6100

網　　址：http://www.wunan.com.tw

電子郵件：wunan@wunan.com.tw

劃撥帳號：01068953

戶　　名：五南圖書出版股份有限公司

法律顧問　林勝安律師事務所　林勝安律師

出版日期　2020年2月初版一刷

定　　價　新臺幣450元

經典永恆・名著常在

五十週年的獻禮 —— 經典名著文庫

五南，五十年了，半個世紀，人生旅程的一大半，走過來了。

思索著，邁向百年的未來歷程，能為知識界、文化學術界作些什麼？

在速食文化的生態下，有什麼值得讓人雋永品味的？

歷代經典・當今名著，經過時間的洗禮，千錘百鍊，流傳至今，光芒耀人；

不僅使我們能領悟前人的智慧，同時也增深加廣我們思考的深度與視野。

我們決心投入巨資，有計畫的系統梳選，成立「經典名著文庫」，

希望收入古今中外思想性的、充滿睿智與獨見的經典、名著。

這是一項理想性的、永續性的巨大出版工程。

不在意讀者的眾寡，只考慮它的學術價值，力求完整展現先哲思想的軌跡；

為知識界開啟一片智慧之窗，營造一座百花綻放的世界文明公園，

任君遨遊、取菁吸蜜、嘉惠學子！